Code De Droit Canonique

Canon 66 « L'économie chrétienne, par conséquent, puisque
c'est l'Alliance nouvelle et définitive, ne passera jamais; et
aucune nouvelle révélation publique doit être prévu avant
la manifestation glorieuse de notre Seigneur Jésus Christ.»
Pourtant même si la révélation est achevée, elle n'est pas faite
complètement explicite; Il restera à la foi Chrétienne d'en saisir
graduellement toute la portée au cours des siècles.

Canon 67 Au cours des âges, il y a eu des soi-disant
révélations 'privées', dont certaines ont été reconnues par
l'autorité de l'église. Ils n'appartiennent pas, cependant, pour
le dépôt de la foi. Leur rôle n'est pas d'améliorer ou compléter
la révélation définitive du Christ, mais pour aider à vivre plus
pleinement qu'elle à une certaine période de l'histoire. Guidé
par le Magistère de l'église, le sensusfidelium sait discerner et
accueillir dans ces révélations, tout ce qui constitue un appel
authentique du Christ ou de ses saints à l'église.

La foi chrétienne ne peut pas accepter des « révélations » que la
revendication de surpasser ou corriger la révélation dont Christ
est la réalisation, comme c'est le cas dans certaines religions
non-chrétiennes et aussi dans certaines sectes récentes qui se
basent sur ces « révélations ».

Lamb Books
Adaptations illustrées pour toute la famille

LAMB BOOKS

Publié par le Lamb Books, 2 Dalkeith Court, 45 Vincent Street, London SW1P 4HH;
Royaume-Uni, USA, FR, IT, SP, PT, DE

www.lambbooks.org

D'abord publié par Lamb Books 2013

Cette édition

001

L'auteur et l'éditeur sont reconnaissants envers le Centro Editoriale Valtoriano en Italie pour avoir permis de citer le Poème de l'Homme-Dieu de Maria Valtorta, par Valtorta Publishing

Situé dans le style Bookman Old Style R

Imprimé en Grande-Bretagne par CPI Group (UK) Ltd, Croydon, CR0, 4YY

Suivez Moi

Là Où Il Y A Des Épines,

Il Y Aura &ussi Des Roses

LAMBBOOKS

Remerciements

Le contenu de ce livre est une adaptation du Poème de l'Homme+Dieu (L'evangile Qui M'a Été Révélé), par Maria Valtort, d'abord approuvée par le Pape Pie XII en 1948, lorsque lors d'une réunion le 26 Février 1948, vérifié par trois autres prêtres, il a ordonné aux trois prêtres présents de 'publier ce travail tel quel '.

En 1994, le Vatican a tenu compte des appels des chrétiens du monde entier et a commencé à examiner le cas pour la canonisation de Maria Valtorta (Little John).

Le Poème de l'Homme-Dieu a été décrit par le confesseur du pape Pie XII comme 'édifiant '. Les révélations mystiques ont longtemps été la province des prêtres et des religieux. Maintenant, elles sont accessibles à tous. Que tous ceux qui lisent cette adaptation la trouve aussi édifiante. Puisse, grâce à cette lumière, la foi être renouvelée.

Merci tout particulier au Centro Editoriale Valtortiano en Italie pour nous avoir donné la permission de citer le Poème de l'Homme-Dieu de Maria Valtorta, surnommée Little John.

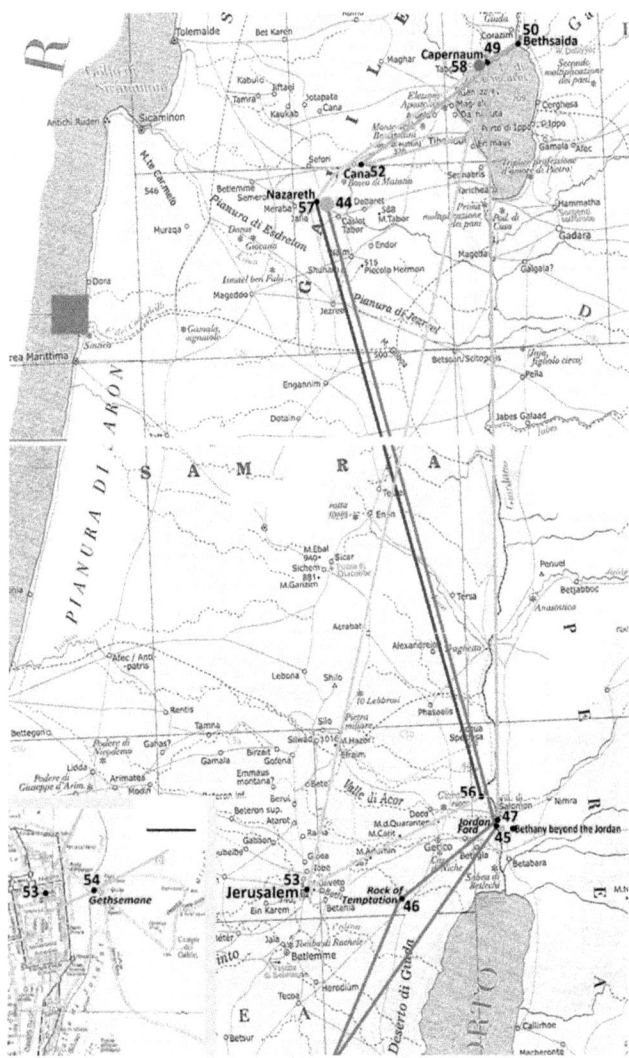

Suivez-Moi

Contenu

Jésus Au Mariage À Cana

Le mariage se déroule dans une maison blanche, longue mais basse, dans la périphérie de Cana. La demeure est entourée d'un grand espace vert avec des figuiers, des pommiers et un puits en son centre. Elle appartient à des fermiers qui vivent entourés d'une campagne paisible et verte, qui s'étire bien au-delà de leur terre. La maison est face au chemin, mais elle est un peu plus loin, retirée de ce qui semble être la route principale, à laquelle elle est liée par un chemin qui se trace à travers la pelouse. Au rez-de-chaussée de la maison, on trouve quelques portes basses, pas plus de deux sur chaque côté, qui s'ouvrent sur des pièces sombres et basses où la famille vit et où ils ont une réserve de provisions et une cave à vin.

Un escalier extérieur remonte la devanture jusqu'à la porte du premier étage, environ au milieu de la façade et mène jusqu'à un hall utilisé pour les occasions spéciales comme les jours de festins et pour les tâches qui requièrent beaucoup d'espace comme le séchage et la préparation des aliments. Il y a quelques portes et fenêtres ainsi qu'un toît-terasse entouré d'un mur bas, d'environ un mètre de hauteur. Une pergola ombragée recouverte de vigne rejoint la terrasse ensoleillée, surplombant plus de la moitié de celle-ci avec ses branches.

Il n'est pas encore neuf heures, un beau matin de printemps. Les jeunes épis de maïs dans les champs est encore petits et verts. Les champs sont couverts d'herbe et la rosée dans les champs fait paraître la campagne encore plus verte. Les feuilles du figuier et du pommier sont vertes et tendres tout comme celles de la vigne. Mais il n'y a ni fleurs ni fruits sur le pommier, le figuier et les vignes, le pommier venant de perdre ses fleurs et ses petits fruits n'étant pas encore visibles.

C'est une journée ensoleillée ; l'air est encore libre de toute poussière et le ciel est entièrement bleu. Le calme règne, on n'entend aucun son et tout semble immobile. C'est alors que deux femmes vêtues de longues robes et de capes qui couvraient aussi leurs têtes comme des voiles apparaissent sur la route principale et tournent ensuite sur le chemin menant à la maison.

La plus âgée des deux femmes, qui avait environ cinquante ans, porte une robe foncée, faite de laine pure d'une teinte brun-gris.
La plus jeune femme porte une robe jaune pâle et une cape bleue et elle doit avoir environ 35 ans. Elle est d'une beauté saisissante. Sa silhouette svelte et Son allure digne sont parfumées de beaucoup de générosité et d'humilité. Comme Elle se rapproche, Son visage pale, Ses yeux bleus et Ses cheveux blonds visibles sur Son front, L'identifie comme étant Notre Très Sainte Dame, mais la femme plus âgée demeure inconnue.

Les deux femmes font la conversation et Marie sourit. Quand elles arrivent près de la maison, quelqu'un qui les a regardé arriver informe les autres dans la maison et deux femmes et deux hommes, tous dans leurs plus beaux vêtements, partent à leur rencontre et offrent aux nouvelles invitées leur plus chaleureuse bienvenue.

Marie, Qui est soit une parente ou une amie proche de

11

la famille de l'époux est donc familière avec eux et est accueillie chaleureusement. Elle accompagnée par un homme agé, le propriétaire de la terre, pour monter les escaliers extérieurs et jusqu'à un large hall qui semble occuper la plupart si ce n'est pas tout l'espace en haut de l'escalier. Le hall a été vidé de tout objet et décoré avec des branches, mats and tables set avec des mets riches. Deux tables ont été installées pour les invités ; une au centre et une autre le long du mur de droite. La table du centre est abondamment remplie d'amphores et de plateaux remplis de fruits. Celle collée au mur de droite n'est pas tout à fait aussi somptueusement préparée que celle du centre. Il y aussi une longue commode contre le mur de gauche ou sont installés des plateaux de fromage, des gâteaux recouverts de miel et des confiseries tandis que sur le sol, devant la commode, il y a d'autres amphores et aussi six gros vases dont la forme évoque des jarres de cuivre.

Marie écoute docilement ce qu'ils Lui disent, puis retire sa cape et aide gentiment à finir de mettre les tables ; allant et venant, triant les sièges, réarrangeant les couronnes de fleurs, améliorant la présentation des plats de fruits, s'assurant que les lampes sont remplies d'huile, tout en souriant, parlant très peu et lorsqu'Elle le faisait, sur un ton très bas. Mais Elle écoute beaucoup et avec une grande patience.

Une cacophonie d'instruments musicaux provenant de la route envahit le hall et tout le monde, à l'exception de Marie, se rue dehors, menés par l'époux, pour accueillir l'épouse, qui entre, marchant à son côté, vêtue élégamment, heureuse and entourée d'amis et de parents.

Pendant ce temps, Jésus, dans une tunique blanche et une cape bleue foncée, est arrivé au village avec Jean et Judas Thaddée. Quand Judas entend le son des instruments, il interroge un homme qui se trouve à proximité et discute ensuite avec Jésus, Qui sourit et

dit »Allons-y, ma mère en sera heureuse. »
Puis ils commencent à marcher à travers les champs
vers la maison. L'arrivée de Jésus est guettée par le
même homme que plus tôt, qui informe les autres. Le
propriétaire et son fils, l'époux, et Marie vont tous à Sa
rencontre et L'accueillent respectueusement, ainsi que
Ses compagnons.
La façon aimante et respectueuse dont Jésus et Marie
se saluent est particulièrement touchante : lorsqu'ils
échangent les mots »Que la paix soit avec vous»chacun
avec un regard, il n'y a pas d'effusions et ils ont tous
deux un sourire qui vaut une centaine d'embrassades et
une centaine de baisers. Un baiser tremble sur les lèvres
de Marie, mais il n'est pas donné. Au lieu de cela, Elle
pose Sa petite main blanche sur L'Épaule de Jésus on et
touche doucement une boucle de Ses longs cheveux ; la
caresse d'une amante chaste.

Puis, marchant au côté de Sa Mère, Jésus monte les
escaliers, suivi de Ses disciples, du propriétaire et de
l'époux. Comme ils entrent dans le hall, les femmes
commencent à s'affairer, ajoutant des chaises et des
assiettes à la table du centre pour les trois invités
inattendus puisque la présence de Jésus n'était pas
assurée et celle de Ses compagnons complètement
inattendue.

« Que la paix règne dans cette maison et la bénédiction
de Dieu sur vous tous », dit Jésus de Sa voix particulière,
à la fois puissante et douce, en entrant dans la salle
majestueuse, dominant toutes les personnes présentes
par Sa stature imposante. Bien qu'Il ne soit qu'un invité
ordinaire, Il semble plus le roi du banquet que le marié
ou le propriétaire, quel que soit humble et serviable Il est.
Les deux disciples sont également invités à s'asseoir à la
même table, par respect pour Jésus.
Jésus prend sa place à la table à côté du propriétaire,
s'assoyant ainsi juste en face de Marie, dont la place est

à côté de la mariée. Les mères du jeune couple sont aussi assises à cette table mais toutes les autres femmes sont assises à l'autre table, près du mur de droite, où elles font un vacarme digne d'une centaine de personnes.

Jésus est assis dos au mur où se trouve la commode et les grandes jarres, d'une telle manière qu'il ne peut pas les voir. Il ne peut non plus voir le serveur jongler avec les plats de viande rôtie, qui sont amenés aux invités par la porte près la commode. Le jeune couple et les invités importants sont servis en premier, puis suit la table de droite.

Le banquet commence et les invités ne manquent d'appétit ni de soif, à l'exception de Jésus et Sa Mère, Qui boivent et mangent peu. Marie parle très peu. Jésus parle un peu plus. Bien que très modéré, Il n'est ni morne ni dédaigneux dans le peu qu'Il dit. Il est gentil mais pas bavard. Il répond quand il est interrogé, répond quand on lui parle, démontre de l'intérêt pour le sujet et fait part son opinion, mais Il se concentre sur ses pensées, tel un habitué à la méditation. Il sourit mais Il ne rit jamais et si Il entend une blague inconsidérée, Il fait semblant de ne pas avoir entendu. Marie est nourrie par la contemplation de Son Jésus. Il en est de même pour Jean, qui est à la fin de la table et qui est suspendu aux lèvres de son maître.

Marie remarque que les servants parlent à voix basse au serveur, qui semble très gêné et Elle comprend la cause de la situation désagréable. «Fils», murmure-t-Elle d'une voix faible, attirant ainsi l'attention de Jésus.

«Fils, ils n'ont plus de vin.»

«Femme, qu'y at-il encore entre toi et moi? Dit Jésus, en lui adressant un sourire encore plus doux. Marie lui rend son sourire, Ils sont comme deux personnes au courant d'une vérité, qui est leur heureux secret, ignoré de tous. Dans ce sourire, Jésus dit à Sa Mère, sans mots :

14

»Avant j'étais à Vous, uniquement à Vous. Vous m'avez donné des ordres, et je Vous ai obéi. J'étais assujetti à Vous. Maintenant, J'appartiens à ma mission.»

Et en ce seul mot «mais» Il dit : «Tu étais tout pour moi, mère, tant que je n'étais que Jésus de Marie de Nazareth, et Vous êtes tout de Mon âme; mais depuis que je suis le Messie attendu, j'appartiens à Mon Père. Attendez quelques temps et une fois Ma mission terminée, je serai, une fois de plus, entièrement à Vous; Vous Me tiendrez une fois de plus dans Vos bras, comme quand J'étais un petit enfant, et plus jamais on ne Vous contestera Votre fils, considéré comme la honte de l'humanité, qui jettera Ses restes mortels sur Vous, pour répandre sur Vous la honte d'être la mère d'un criminel. Et après vous aurez de moi encore une fois, triomphant, et enfin vous M'aurez toujours quand Vous triompherez aux Cieux. Mais maintenant J'appartiens à tous ces hommes. Et j'appartiens au Père, qui M'a envoyé à eux.»

« Faîtes ce qu'Il vous dira.»dit Marie aux servants. Dans les yeux souriants de Son Fils, Marie a lu Son consentement, voilé par le grand enseignement de tous ceux»qui sont appelés.»
« Remplissez les jarres d'eau. » dit Jésus aux servants. Les servants se rendent au puits, les poulies crient tandis qu'on descend le sot dégoulinant, qu'on le monte et qu'on le descend encore et les jarres sont remplies d'eau du puits.

Le steward verse une partie du liquide avec des yeux étonnés, puis y goûte en montrant un étonnement encore plus grand, le savoure, puis parle au propriétaire et au marié.
Marie regarde Son Fils encore une fois, et sourit ; puis ayant reçu un sourire de Lui, Elle baisse la tête et rougit légèrement. Elle est heureuse. Un murmure se répand dans la salle, ils tournent tous la tête vers Jésus et Marie, certains se lèvent pour mieux voir, certains

s'approchent des jarres. Puis un moment de silence qui est immédiatement rompu par des louages pour Jésus.

Il se lève et dit simplement : »Remerciez Marie» et Se retire du banquet. Ses disciples Le suivent. Sur le pas de la porte. Il répète : »Que la paix règne dans cette maison et la bénédiction de Dieu sur vous tous. » »Au revoir, Mère. »

Jésus Chasse Les Marchands Du Temple

Accompagné de ses six disciples ; Pierre, André, Jean, Jacques, Philippe et Barthélemy, Jésus entre dans le complexe du Temple, où se trouve déjà une foule de gens rassemblés autant à l'intérieur qu'à l'extérieur du Temple. En fait, depuis le haut de la colline sur laquelle se dresse le Temple, en regardant vers le bas, on aperçoit les rues étroites et sinueuses de Jérusalem qui fourmillent de pèlerins arrivant en troupeaux de chaque partie de la ville. Les rues ressemblent à un ruban multicolore se tortillant entre les maisons blanches et toute la ville est complètement transformée en un curieux jouet fait de rubans aux couleurs vives convergeant vers les dômes brillants de la maison du Seigneur.

Mais l'intérieur du complexe est devenu .... Un véritable marché. La sérénité du lieu saint a été détruit par des gens qui courent, certains qui appellent, négocient les agneaux, crient et lancent des jurons à cause des prix exorbitants, par les animaux bêlant quand ils sont conduits dans des enclos, cloisons rudimentaires faites de cordes et de piquets, érigés par des marchands qui se tiennent à l'entrée pour négocier avec les acheteurs.

Il y a des coups de gourdins, des bêlements, des blasphèmes, des cris, des insultes aux jeunes servants qui ne se dépêchent pas assez à choisir ou à aller

Là où il y a des épines, Il y aura aussi des Roses

chercher les bêtes, on abuse des acheteurs qui
marchandent les prix ou qui se détournent et vont vers
un autre marchand et on lance des insultes plus graves
encore à ceux qui ont judicieusement emmené leurs
propres agneaux.

Près des bancs des changeurs d'argent, où il n'y a aucun
taux de fixe et que le taux de change en vigueur est
négligemment ignoré, les changeurs d'argent maintenant
tournés usuriers, imposent des taux exorbitants comme
bon leur semble pour faire grimper leurs profits et ils ne
plaisantent pas dans leurs transactions! Le pauvre, les
gens sont ou le plus loin où ils viennent, plus ils sont
tondus : le vieux plus que les jeunes et ceux au-delà de
la Palestine, plus encore que les vieux.

Il était clair que ce genre de pratique était une habitude,
au moins durant Pâques; le temple devient une bourse
ou un marché noir.

Un pauvre vieil homme, un parmi tant d'autres, dévisage
longuement l'argent qu'il a accumulé pendant toute une
année, à la sueur de son front. Il le sort et le range dans
son sac des dizaines et des dizaines de fois, en allant
d'un changeur d'argent à l'autre et en finissant même,
parfois, par revenir au premier. Celui-ci se venge alors
pour la première fois en augmentant sa commission. Les
grosses pièces passent avec regret des mains de leur
propriétaire, qui soupire, aux griffes des hommes qui les
transforment en pièces plus petites.

Puis, le pauvre vieillard passe à une autre tragédie avec
les marchands de moutons et l'achat et le choix des
moutons. Et si, comme il arrive de temps en temps, le
vieillard a le malheur d'être à moitié aveugle, il se fait
arnaquer et on lui donne le petit mouton qui parait le
plus mal en point.

Un homme et sa femme, formant un vieux couple,

19

ramènent un pauvre petit mouton, qui a été rejeté par ceux qui pratiquent les sacrifices, puisqu'il était trop mal en point. Le vieux couple se lamente et supplie le marchand de moutons, qui est loin d'être touché, et répond par des mots emplis de colère et sans aucune manière :

« Vu le montant que vous êtes prêts à dépenser, Galiléens, le mouton que je vous ai donné est déjà trop bien. Allez-vous-en! Si vous voulez un meilleur mouton, il vous faudra payer cinq pièces de plus. »

« Au nom de Dieu! Nous sommes pauvres et vieux! Allez-vous nous empêcher de fêter cette Pâques, qui pourrait être notre dernière? N'avez-vous pas obtenu ce que vous vouliez pour pauvre un petit mouton? »

« Allez-vous en, bande d'ordures. C'est au tour de Joseph the Elder, maintenant. J'apprécie sa générosité. Que Dieu soit avec vous, Joseph! Venez faire votre choix! »

Joseph l'aîné, aussi connu sous le nom de Joseph d'Arimathie, passe, majestueux et fier, dans ses magnifiques habits, sans même poser les yeux sur les pauvres vieux qui pleurent à l'entrée de l'enceinte. Il entre dans l'enclot, choisit un magnifique mouton et renverse presque le couple de vieillards et s'en allant avec son mouton gras qui ne cesse de bêler.

Jésus, qui est maintenant près de là, a aussi effectué Son achat, et Pierre, qui a marchandé pour Lui, tire un assez bon mouton. Pierre aimerait s'en aller vers l'endroit où sont offerts les sacrifices mais Jésus s'en va vers la droite, vers le vieux couple indécis, en pleurs, complètement consterné, qui est renversé par les foules et insulté par le vendeur.

Jésus, Qui est si grand que les têtes des pauvres vieilles âmes ne rendent qu'à la hauteur de Son cœur, pose une main sur l'épaule de la femme lui demande : » Pourquoi pleurez-vous, femme? »

La petite vieille femme se retourne et aperçoit le jeune

home, grand et imposant, vêtu d'une belle tunique blanche toute neuve et d'une cape assortie, d'un blanc éclatant. Elle le prend pour un docteur à cause de Ses habits et de Son apparence and sa surprise est encore plus grande car les docteurs et les prêtres ne portent pas attention aux vieux et ne leur apportent aucune protection contre les marchands arrogants. Elle explique à Jésus la raison de leurs larmes.

« Échangez ce mouton pour ces croyants. Il n'est pas digne de l'autel et il n'est pas juste que vous profitiez de ces deux pauvres vieillards, simplement parce qu'ils sont faible et n'ont aucun moyen de se protéger. »dit Jésus au vendeur de moutons.

« Et qui êtes-vous? »

« Un homme juste. »

« D'après votre façon de parler et celle de vos Compagnons, Je sais que Vous êtes un Galiléen. Existe-il un home juste provenant de Galilée? »

« Faites ce que je vous ai dit, et faites de vous-même un homme juste. »

« Écoutez! Écoutez le Galiléen Qui défend Ses égaux! Et Il veut nous enseigner à nous, gens du Temple! » L'homme rit et se moque, imitant l'accent Galiléen, qui est plus doux et mélodieux que l'accent Judéen.

Plusieurs personnes se rapprochent d'eux et d'autres marchands et changeurs prennent le parti de leur collègue marchand contre Jésus.

Parmi les gens présents se trouvent deux ou trois rabbins ironiques. L'un d'eux demande : «Êtes-vous un docteur? », d'une manière que même Job n'aurait pas la patience de supporter.

« Oui, j'en suis un. »

« Qu'enseignez-vous? »

« J'enseigne que de faire de la Maison de Dieu un lieu de prière et non d'usure et de marchandage. Voilà ce que j'enseigne. »

Jésus est formidable. Il ressemble à l'archange sur le seuil de l'Éden et même sans une épée flamboyante à la main, les faisceaux de ses yeux frappent les moqueurs impies comme la foudre. Jésus n'a rien dans ses mains. Tout ce qu'il a est sa colère. Et empli de colère, Il marche vite et solennellement entre les bancs des changeurs d'argent : Il disperse les pièces qui ont été si méticuleusement triées selon leurs valeurs, Il renverse les bancs et les tables jetant tout sur le terrain avec de grands bruits de cliquetis. Au milieu des tintements des métaux qui s'entrechoquent et du bois battu, des pleurs de rage, des cris de terreur et des cris d'approbation se mêlent. Mais Jésus n'a pas encore tout à fait terminé.

Il saisit quelques cordes utilisées pour maintenir les bœufs, les moutons et les agneaux des mains des garçons d'écurie et les utilise pour faire un fouet très dur avec des nœuds coulants vraiment redoutables. Puis il soulève le fouet, le balance et frappe, sans aucune pitié. Sans aucune pitié...
Cette tempête soudaine frappe les têtes et les dos. Les croyants se déplacent sur le côté pour admirer la scène ; les fautifs, chassés jusqu'à la paroi externe, prennent la fuite, laissant leur argent sur le sol et abandonnant leurs bêtes dans une grande confusion de jambes, de cornes et d'ailes, dont certains, apeurés, courent ou s'envolent au loin. Le souffle des bœufs, les bêlements de moutons et les battements d'ailes des tourterelles et des pigeons, auxquels s'ajoutent les éclats de rire et les cris des croyants qui se moquent des changeurs s'échappant noient même le refrain plaintif des agneaux étant abattus dans une autre cour.
Prêtres, rabbins et Pharisiens accourent. Jésus est toujours au milieu de la cour, s'écartant de l'action, le fouet à la main.
« Qui êtes-Vous? Comment osez-Vous faire cela, perturber les cérémonies prévues? De quelle école êtes-Vous? Nous ne Vous connaissons pas, et nous ne savons pas d'où Vous venez. »
«Je suis Celui qui est Puissant. Je peux faire n›importe

quoi. Détruisez ce véritable temple et je le reconstruirai pour rendre gloire à Dieu. Je ne suis pas en train de bouleverser la sainteté de la Maison de Dieu ou des cérémonies, mais en permettant à Sa Maison de devenir le centre des marchands et de l'usure, vous les contrariez. Mon école est l'École de Dieu. La même école que tout Israël suivait quand le Dieu Éternel parla à Moïse. Vous ne Me connaissez pas? Vous Me connaîtrez. Vous ne savez pas d'où Je viens? Vous apprendrez.» Puis, ignorant les prêtres, Jésus se retourne vers le peuple, debout dans sa tunique blanche, avec son manteau ouvert et dans le vent derrière le dos, les bras tendus comme un orateur renforcer le point clé de son discours, il dit:» Écoutez, Israël! Dans le Deutéronome, il est dit: «Vous êtes de nommer les juges et les scribes à toutes les portes ... et ils doivent administrer un jugement impartial sur les personnes. Vous devez être impartial; vous devez prendre aucun des pots de vin, pour un pot de vin stores Yeux des Sages et compromet la cause des justes. Stricte justice doit être Votre idéal, afin que vous puissiez vivre en possession légitime de la terre que Yahvé Votre Dieu vous donne." »
«Écoutez, Israël. Dans le Deutéronome, il est dit: «Les prêtres et les scribes, et tout de la tribu de Lévi, n›aura aucune part ni héritage avec Israël, parce qu›ils doivent vivre sur les aliments offerts à l›Éternel et sur ses cotisations; ils n›ont pas d›héritage parmi leurs frères, car l›Éternel sera leur héritage. «»
« Écoute, Israël. Il est dit, dans le Deutéronome : «Tu ne dois pas prêter à ton frère avec de l'intérêt, même si tu vis l'absence d'argent, de nourriture ou de quoi que ce soit d'autre. Tu peux réclamer des intérêts sur le prêt d'un étranger; mais prête toujours à ton frère ce dont il a besoin sans intérêt.»

Le Seigneur a dit cela. Mais maintenant, vous voyez qu'en Israël des jugements sont rendus sans aucune justice pour les pauvres. Ils ne sont pas enclins à la justice, ils permettent tout aux les riches, et être pauvre, être des gens du peuple signifie être opprimé. Comment les gens peuvent-ils dire : «Nos juges sont justes» quand ils voient bien que seuls les gens puissants sont respectés et satisfaits, tandis que les pauvres ne trouvent personne pour les écouter? Comment les gens peuvent-ils respecter le Seigneur, quand ils voient que le Seigneur n'est pas respecté par ceux qui doivent le respecter plus que les autres? Est-ce que celui qui viole le commandement du Seigneur Lui respecter? Pourquoi alors ne les prêtres en Israël possèdent la propriété et acceptent des pots de vin de collecteurs d'impôts et les pécheurs, qui rendent les offres pour obtenir leurs faveurs, alors qu'ils acceptent des cadeaux à remplir leurs coffres? Dieu est l'héritage de ses prêtres. Lui, le Père d'Israël, est plus qu'un père pour eux et leur fournit de la nourriture, car il est juste. Mais pas plus que ce qui est juste. Il n'a pas promis de l'argent et des biens à ses serviteurs du sanctuaire. Dans la vie éternelle, ils posséderont le ciel de leur justice, comme Moïse, Elie, Jacob et Abraham seront, mais dans ce monde, ils doivent avoir mais un vêtement de lin et un diadème d'or incorruptible : la pureté et de la charité, et leurs corps doivent faire l'objet à leurs âmes, qui doivent faire l'objet au vrai Dieu, et leurs corps ne sont pas à être maîtres de leur âmes et contre Dieu.

On m'a demandé de quel droit je faisais cela. Et bien de quel droit enfreignent-ils le commandement de Dieu et permettent-ils, à l'ombre des murs sacrés, l'usure sur leurs frères d'Israël, qui sont venus pour obéir à l'ordre divin? On m'a demandé de quelle école je viens et je réponds: «De l'école de Dieu» Oui, Israël, je vous ramènerai vers l'école sainte et immuable dont je suis venu.
Que celui qui désire connaître la Lumière, la Vérité, le Chemin et qui désire entendre encore une fois la voix de Dieu parler à son people se joigne à moi. Vous avez suivi Moïse à travers les déserts, Israël. Suivez-moi, parce

que je vous conduirai à travers un désert pire encore,
jusqu'à la vraie Terre bénie. Au commandement de Dieu,
je vous mènerai à elle, à travers une mer ouverte. Je vous
guérirai de tous les maux. en levant Mon Signe.
Le temps de Grâce est venu. Les Prophètes
l'appréhendaient et son morts en l'attendant. Les
Prophètes l'ont prédit et sont morts en l'espérant. Ils en
ont simplement rêvés et son morts réconfortés par ce
rêve. Ce rêve est ici, maintenant. Venez. « Le Seigneur
se prépare à juger son peuple et à avoir pitié de Ses
serviteurs, » comme Il a promis par Moïse. »

Les gens s'étant rassemblés autour de Jésus se tiennent
la bouche grande ouverte, et L'écoutent. Puis, ils
commentent les mots du nouveau Rabbin et posent
des questions à Ses compagnons. Jésus se rend à une
autre cour, qui n'est séparée de la première que par une
terrasse et Ses amis Le suivent.

Jésus Rencontre Judas Iscariote Et Thomas Et Soigne Simon Le Zélote

Le soir tombe, pendant la Pâque, la ville de Jérusalem est bondée de pèlerins qui se hâtent vers la maison. Jésus avec Ses six disciples, marche vers la maison de campagne entourée d'oliviers bien fournis, où il est invité. Judas Thaddée, qui avait voulu venir à Jérusalem avec Jésus, n'est pas présent.

De l'espace ouvert rustique en face de la maison, une colline couverte de terrasses et d'oliviers descend vers un petit torrent d'eau qui coule le long d'une vallée formée par deux collines au sommet de laquelle se trouve le temple d'une tandis que l'autre est couvert seulement d'oliviers. Jésus a commencé à grimper le sentier paisible menant vers le haut de la colline des oliviers lorsqu'un vieil homme, probablement le fermier ou le propriétaire de l'oliveraie aborde le groupe et s'adresse à Jean, de façon familière.

« Jean, il y a deux homes qui attendant votre ami. »

« Où sont-ils? Qui sont-ils? »

« Je ne sais pas. L'un d'eux est sans l'ombre d'un doute Judéen. L'autre... Je ne sais pas. Je ne lui ai pas demandé. »

« Où sont-ils? »

« Dans la cuisine, ils attendent, et... et...ah oui... il y a
un autre homme qui est tout couvert de plaies. Je l'ai
fait rester ici, parce que j'ai peur qu'il ne soit un lépreux.
Il dit qu'il désire voir le Prophète Qui a parlé dans le
Temple. »

Jésus, Qui est demeuré silencieux, dit :»Allons le voir en
premier. Dites aux autres de venir s'ils le souhaitent. Je
leur parlerai là, dans l'oliveraie.

Puis, Il se dirige vers l'endroit que l'homme lui a indiqué.

« Et nous? Qu'allons-nous faire?»demande Pierre.

« Venez si vous voulez. »

Un homme, tout enveloppé, est appuyé contre le mur
rustique de la terrasse, près de la limite de la propriété.
Il doit y être parvenu en passant par un chemin le long
du torrent. Quand il aperçoit Jésus qui s'approche de lui,
il se met à crier: « Non! N'approchez pas. Ayez pitié de
moi! » Il laisse tomber sa tunique au sol, dévoilant son
torse. Son visage est couvert de croûtes, alors que son
torse lui, est couvert d'une énorme plaie, qui, à certains
endroits, se change en entailles profondes. Certains
endroits ressemblent à des brûlures, d'autres sont
blanchâtres et luisants, comme s'ils étaient recouverts
d'une fine couche de verre.

« Êtes-vous un lépreux? Qu'attendez-vous de Moi? »

« Ne me maudissez pas! Ne me lapidez pas. On m'a dit
que l'autre soir Vous Vous êtes révélé comme étant la
Voix de Dieu et le Porteur de Grâce. On m'a aussi dit
que Vous avez garanti qu'en Soulevant simplement Votre
Signe vous soignerez toutes les maladies. S'il-vous-plaît
levez le sur moi. Je reviens des sépulcres... là-bas...

J'ai rampé comme un serpent entre les buissons près du torrent pour arriver ici sans être vu. J'ai attendu jusqu'au soir avant de quitter car au crépuscule, il est plus difficile de voir qui je suis. J'ai osé ... J'ai trouvé cet homme, l'homme de la maison, il est bon. Il ne m'a pas tué. Il a seulement dit : « Attendez, là-bas, près du petit mur.» Ayez pitié de moi.»

Jésus s'approche du lépreux mais les six disciples, le propriétaire et les deux étrangers restent derrière et semblent dégoutés.

« Ne vous approchez pas. Non! Je suis infecté!' pleure le lépreux. Jésus s'approche encore plus. Il pose un regard si miséricordieux sur le lépreux, qu'il se met à pleurer et en se mettant à genoux, son visage touchant presque le sol, il gémit :»Votre Signe! Votre Signe!»

« Le moment venu, il sera soulevé. Mais maintenant, je vous dis : Levez-vous. Soyez guéri. Je le souhaite. Que le signe soit dans cette ville, qui doit me reconnaître.

Levez-vous, je vous dis. Et ne pêchez pas, par gratitude envers Dieu!» Lentement, l'homme se relève, semblant émerger de l'herbe longue et pleine de fleurs, comme d'un linceul... et est guérit. Il se regarde dans la dernière lueur du jour. Il est guérit. Il hurle :

« Je suis purifié! Oh! Que puis-je faire pour Vous maintenant?»

« Vous devez vous conformer à la loi. Allez au prêtre. Soyez bon à l'avenir. Allez. »

L'homme va se jeter aux pieds de Jésus, mais, se rappelant qu'il est encore impur selon la loi, il se retient et baise sa propre main. Il lance un baiser à Jésus, en pleurant à chaudes larmes ; il pleure de joie.

Les autres sont abasourdis.

Jésus se détourne de l'homme guéri and ramène à la réalité en souriant. »La lèpre n'affectait ici que la peau, mes amis. Par contre, parfois la lèpre sort tout droit du cœur. Étais-ce vous qui désiriez Me voir? »demande-t-il aux deux étrangers. «Me voilà. Qui êtes-vous? »

« Nous vous avons entendu, l'autre soir… dans le Temple. Nous Vous avons cherché en ville. Un homme, qui a affirmé être parent avec Vous, nous a dit que Vous logiez ici. »

« Pourquoi me cherchez vous? »

« Pour Vous suivre, si Vous nous le permettez, parce que Vous détenez les paroles de vérité. »

« Me suivre? Mais savez-vous où je vais? »

« Non, Maître, mais certainement vers la gloire. »

« Oui, mais cette gloire ne se trouve pas en ce monde. Je m'en vais vers une gloire qui se trouve aux Cieux est conquise par la vertu et le sacrifice. Pourquoi voulez-vous Me suivre? » leur demande-t-il encore.

« Pour prendre part à Votre gloire. »

« Selon les Cieux? »

« Oui, selon les Cieux. »

« Ce n'est pas tout le monde qui est capable d'arriver là-bas parce que Mammon pose plus de pièges pour ceux qui aspirent au ciel que pour les autres. Seuls ceux qui possèdent une forte volonté peuvent réussir. Pourquoi Me suivre, si me suivre signifie une lutte incessante contre l'ennemi qui est en nous, contre un monde d'hostilité, et contre l'Ennemi qu'est Satan? »

« Parce que c'est le désir de nos âmes, que Vous avez conquises. Vous êtes saint et puissant. Nous voulons être Vos amis. »

« Amis!!! » Jésus demeure silencieux et soupire Puis il regarde celui qui a été le porte-parole et qui a enlevé son capuchon de sur sa tête, et est tête nue... »Qui êtes-vous? Vous vous exprimez mieux qu'un homme du people. »

« Je suis Judas, le fils de Simon. Je viens de Kériot. Mais je suis du Temple. J'attends le Roi des Juifs et j'y rêve. J'ai entendu dire que Vous parliez comme un Roi. J'ai constaté vos gestes dignes de la royauté. Emmenez-moi avec Vous. »

« Vous prendre avec moi? Tout de suite? Maintenant? Non. »

« Pourquoi pas, Maître? »

« Parce qu'il est mieux de procéder à une profonde introspection avant de s'aventurer en terrain abrupte. »

« Croyez-Vous en ma sincérité? »

« Vous l'avez dit. Je crois en votre impulsivité, mais pas en votre persévérance. Pensez-y, Judas. Je pars maintenant et Je reviendrai pour la Pentecôte. Si vous êtes au Temple, vous Me verrez. Faîtes de l'introspection. Et qui êtes-vous? ».

« Je Vous ai, moi aussi, aperçu. J'aimerais être avec Vous, mais maintenant j'ai peur. »

« Non. L'appréhension ruine les gens. La peur peut être un obstacle, mais elle peut aussi être utile lorsqu'elle prend racine dans l'humilité. N'ayez pas peur.

Réfléchissez, vous aussi, et quand je reviendrai... »

« Maître, Vous êtes si saint! J'ai peur de ne pas être digne. Rien d'autre. Parce que je ne doute pas de mon amour... »

« Quel est votre nom? »

« Thomas le didyme. »

« Je me souviendrai de votre nom. Allez en paix. »

Jésus les rejette et il va dans la maison hospitalière pour le souper.

Les six disciples qui L'accompagnent s'interrogent.
« Pourquoi... Pourquoi les avez-Vous traités différemment, Maître ? Parce qu'il y avait une différence. Ils possédaient tous les deux la même impulsivité... »Demande Jean.

« Mon ami, cette même impulsivité peut avoir un goût différent et produire un effet différent. Ils avaient tous deux certainement la même impulsivité, mais ils étaient différents dans leurs objectifs. Et celui qui semble être le moins parfait est en fait, plus parfait, parce qu'il ne s'intéresse pas à la gloire humaine. Il M'aime parce qu'il M'aime. »

« Tout comme moi. »

« Et moi aussi. », « Et moi. », « Et moi. », « Et moi. », « Et moi. »

« Je sais. Je vous connais pour ce que vous êtes. »

« Cela signifie-t-il que nous sommes parfaits? »

« Oh! Non! Mais, comme Thomas, vous deviendrez parfaits si vous persévérez dans votre désir d'aimer. Parfaits?! Oh! Mes amis! Qui est parfait, à l'exception de

Dieu? »

« Vous l'êtes! »

«Je vous le dis solennellement, Seul, Je ne suis pas
parfait, si vous pensez que je suis un prophète. Nul n'est
parfait. Par contre, je suis parfait parce que Celui qui
vous parle est la Parole du Père : une partie de Dieu. Sa
pensée devient Parole. J'ai la Perfection en Moi. Vous
devez me croire si vous pensez que Je suis la Parole du
Père. Et pourtant, voyez, Mes amis, je désire être appelé
le Fils de l'homme parce que je m'abaisse et je prends sur
moi toutes les misères de l'homme, pour les supporter
comme Mon premier échafaud, et je les fais disparaître,
après les avoir supportées, sans avoir à subir d'eux moi-
même. Quel fardeau, mes amis! Mais je le porte avec joie.
C'est une joie pour moi de le supporter, parce que, depuis
que je suis le Fils de l'homme, je ferai de l'humanité une
fois de plus l'enfant de Dieu. Comme c'était le premier
jour. »

Les six disciples, Jésus et le propriétaire sont assis côte
à côte à une table longue et étroite dans une grande
cuisine faiblement éclairée avec des murs enfumés
sombres. La pièce est faiblement éclairée par une petite
lampe à huile sur la table rustique qui révèle les visages
de ceux qui sont assis autour de lui et aussi, les trois
selles pattes, meubles de pays réel, sur lequel ils sont
tous assis.

Jésus parle très doucement, gesticulant calmement
avec Ses mains sur la table, Sa tête légèrement inclinée
sur le côté, Son visage éclairé par le dessous. Il sourit
doucement, Lui qui juste avant, semblait être un Maître
majestueux dans ses gestes, paraît maintenant amical.
Ses disciples l'écoutent attentivement.

« Maître... pourquoi votre cousin n'est-il pas venu, même

s'il sait où Vous vivez? »

« Mon Pierre!... Vous serez l'un de Mes pierres, la
première. Ce ne sont pas toutes les pierres qui peuvent
être facilement utilisés. Avez-vous vu les blocs de
marbre de l'immeuble prétoire? Avec le travail acharné,
elles ont été arrachées du sein de la montagne, et elles
font désormais partie du prétoire. Cherchez plutôt ces
pierres là-bas qui brille dans le clair de lune, dans l'eau
de Cédron. Elles sont arrivées dans le lit du fleuve par
elles-mêmes, et si quelqu'un veut les prendre, elles
ne mettent pas la moindre résistance. Mon cousin est
comme les premières pierres dont Je parle ... Le sein de
la montagne: sa famille, le soutiennent pour qu'il soit
avec Moi. »

« Mais je veux être exactement comme les pierres dans
le torrent. Je suis tout à fait disposé à tout quitter pour
vous: ma maison, ma femme, la pêche, mes frères. Tout
Rabbouni, pour vous.»

« Je sais, Pierre. C'est Pourquoi Je vous aime. Aussi,
Judas viendra. »

« Qui? Judas de Kériot? Je ne m'inquiète pas pour lui.
Il est un jeune homme beau, mais ... je préfère ... Je me
préfère ...Ils rient tous des remarques de Pierre.... Il n'y
a rien de drôle dans ses remarques. Je veux dire que je
préfère un Galiléen sincère, un pêcheur rugueux, mais
sans rien enlever à ... aux citadins qui ... Je ne sais pas
... bon: le Maître sait ce que je veux dire. »

« Oui, je sais, mais ne jugez pas. Dans ce monde,
nous avons besoin les uns des autres ; les bons et les
méchants se confondent, comme les fleurs dans un
champ. La pruche pousse à côté de la mauve salutaire. »

« J'aimerais demander quelque chose... »

« Qui, André? »

« Jean m'a parlé du miracle que Vous avez fait à
Cana... Nous espérions tant que vous en fassiez un à
Capharnaüm... et Vous avez dit que vous ne feriez aucun
miracle avant de vous être conformé à la loi. Pourquoi
Cana? Et pourquoi ici et pas dans votre propre patrie? »

« Obéir à la loi c'est d'être uni avec Dieu, ce qui
augmente nos capacités. Un miracle est la preuve de
l'union avec Dieu et aussi de la présence bienveillante
et de l'assentiment de Dieu. C'est pourquoi je
voulais accomplir Mon devoir comme Israélite, avant
d'entreprendre une série de miracles. »

« Mais vous n'étiez pas obligé de vous conformer à la loi. »

« Pourquoi? Étant le Fils de Dieu, je n'en étais pas obligé,
mais étant le fils de la Loi, je l'étais. Pour le moment,
Israël ne connaît que moi en tant que tel ... et, même
plus tard, Presque Tout le monde en Israël Me connaîtra
en tant que tel, voir même moins. Mais Je ne veux pas
scandaliser Israël et donc J'obéis à la Loi. »

« Vous êtes Saint. »

« La Sainteté n'empêche pas l'obéissance. Non, elle rend
l'obéissance parfaite. À part de tout le reste, il y a un bon
exemple à donner. Que diriez-vous d'un père, d'un grand
frère, d'un professeur ou d'un prêtre qui n'ont pas bien
montré l'exemple? »

« Et pour ce qui est de Cana? »

« Je désirais rendre Ma mère heureuse. Cana est l'avance
Que je devais à Ma Mère. Elle espère la Grâce. Voici que
j'honore la Ville Sainte, faisant d'elle, en public, le point
de mon pouvoir en tant que Messie de départ. Mais là,
à Cana, j'ai honoré la Sainte Mère de Dieu, pleine de

grâce. Le monde m'a reçu grâce à elle. Il n'est que juste que mon premier miracle dans le monde doive être pour elle. »

C'est à ce moment qu'on cogne à la porte, Thomas, qui revient, entre et se jette aux pieds de Jésus'.

« Maître... Je ne peux pas attendre jusqu'à ce que vous reveniez. Permettez-moi de venir avec vous. Je suis plein de défauts, mais j'ai mon amour, mon seul véritable grand trésor. Il est à vous, il est pour vous. Permettez-moi, Maître... »

Jésus pose Sa main sur la tête de Thomas. « Vous pouvez rester, Didyme. Suivez-moi. Bénis sont ceux qui sont sincères et qui persistent dans leur vœux. Vous êtes tous bénis. Vous êtes plus que des proches pour moi, parce que vous êtes Mes enfants et Mes frères, pas selon le sang de mortel, mais selon la volonté de Dieu et vos vœux spirituels. Maintenant, je vous dirai que je n'ai pas de parent plus proche que ceux qui font la volonté de mon Père, et vous le faites parce que vous voulez ce qui est bon. »

Thomas Devient Un Disciple

« Levez-vous, mon ami. Avez-vous déjà mangé? » dit
Jésus à Thomas, déplaçant Sa main de la tête de Thomas
à son épaule.
« Non, Maître. J'ai marché quelques mètres avec l'autre
homme qui était avec moi, puis je l'ai laissé et je suis
revenu en lui disant que je voulais parler au lépreux
guéri ... j'ai dit cela parce que je pensais qu'il aurait
méprisé l'approche d'un homme impur. Je deviné juste.
C'est vous que je voulais voir, et non le lépreux ... Je
voulais vous dire: «S'il vous plaît prenez-moi» ... je me
promenais le long de l'oliveraie jusqu'à ce qu'un jeune
homme me demande ce que je faisais. Il a dû penser que
j'étais malintentionné. Il était près d'un pilier, à la limite
de l'oliveraie. »
« C'est mon fils... » Explique le propriétaire en souriant....
« Il est de garde au moulin à huile. Dans les caves sous le
moulin, nous avons encore Presque toute la récolte de
l'année. Ce fut une très bonne année et nous avons
produit beaucoup d'huile. Et quand il y a de grandes
foules dans les environs, les voleurs se rassemblent
toujours pour piller les lieux non surveillés. Il y a huit
ans, juste à Parascève, ils nous ont dépouillés de tout.
Depuis, nous surveillons tous une nuit chacun. Sa mère
est allée lui prendre son souper. »
« Il m'a demandé, Bien "Que voulez-vous?", et il a parlé
d'un ton pour sauver mon dos de son bâton, J'ai tout de
suite répondu: Je cherche le Maître qui vit ici". Puis il a
répondu: "Si ce que vous dîtes est vrai, venez à la
maison". Puis, il m'a emmené ici. C'était lui qui a cogné à
la porte et il n'est parti qu'après avoir entendu mes
premiers mots. »
« Vivez-vous loin d'ici? »
« Je vis de l'autre côté de la ville, près de la Porte Est. »
« Êtes-vous seul? »
« J'étais avec des parents. Ils sont allés habiter avec
d'autres proches sur la route de Bethlehem. Je suis resté
ici pour vous chercher jour et nuit, jusqu'à ce que je
Vous trouve. » Jésus sourit et dit : » Alors, personne ne

vous attend? »

« Non, Maître. »

« Le chemin est long et la nuit est noire, les patrouilles romaines sont près de la ville. Je vous dis: restez avec nous, si vous le voulez bien. »

« Oh! Maître! » s'exclame Thomas, qui a retrouvé sa bonne humeur.

« Faîtes place pour lui. Chacun de nous donnera quelque chose à son frère. » Jésus lui donne la portion de fromage qu'Il avait en face de Lui et explique à Thomas : » Nous sommes pauvres et notre souper est Presque terminé, mais il y a tant de Cœur dans celui qui offre. » et il dit à Jean, qui est assis à côté de Lui: » Donnez votre place à notre ami. »

Jean se lève tout de suite et s'assoit au bout de la table près du propriétaire.

« Assoyez-vous, Thomas, et mangez. » Puis, Il dit, en s'adressant à tous : « Vous vous comporterez toujours ainsi, Mes amis, conformément à la loi de la charité. Un pèlerin est déjà protégé par la Loi de Dieu. Maintenant, en Mon nom, vous devez l'aimer encore plus. Quand quelqu'un vous demande du pain, une goutte d'eau ou un refuge, au nom de Dieu, vous devez l'offrir au même nom. Ainsi, vous serez récompensé par Dieu. Vous devez vous comporter ainsi avec tout le monde, même avec vos ennemis, c'est la nouvelle Loi. Jusqu'à présent, on vous a dit : "Aimez ceux qui vous aiment et haïssez vos ennemis." Je dis : "Aimez aussi ceux qui vous haïssent." Oh! Si seulement vous saviez comment vous serez aimés par Dieu, si vous aimez comme je vous le dit! Si quiqu'oncque vous dit : "Je veux être votre compagnon au service du véritable Seigneur Dieu et suivant son agneau", alors il doit vous être plus cher qu'un frère de sang, parce que vous serez rejoint par un lien éternel: la liaison du Christ. » « Mais si quelqu'un qui n'est pas sincère vient? Il est facile de dire : « Je veux faire ceci ou cela » Mais les mots ne correspondent pas toujours à la vérité » dit Pierre, un peu irrité, et manifestement pas

dans son humeur joviale habituelle.
« Écoutez, Pierre. Ce que vous dites est raisonnable et juste. Mais, vous voyez : il est préférable d'excéder en générosité et en confiance plutôt qu'en méfiance et en dureté. Si vous aidez une personne indigne, quel malheur vous arrivera? Aucun. Non, la récompense de Dieu sera toujours active pour vous, alors que la personne sera coupable d'avoir trahi Votre confiance. »
« Aucun mal? Eh! Très souvent, une personne sans valeur n'est pas satisfaite de faire preuve d'ingratitude et va beaucoup plus loin. Jusqu'à l'extrême de ruiner la réputation, la richesse et la vie même de quelqu'un. »
« C'est vrai, mais cela diminuerait-il votre mérite? Non, elle ne s'en trouverait pas diminuée. Même si tout le monde devait croire en votre calomnie, même si vous étiez devenu plus pauvre que Job, même si cette cruelle personne devait prendre votre vie, qu'est-ce que cela changerait aux yeux de Dieu? Rien. Non, quelque chose changerait, mais ce serait à votre avantage puisque Dieu ajouterait les mérites de votre martyre intellectuel, financier et physique aux mérite de votre générosité »
« Bien! Peut-être qu'il en est ainsi. » accepte Pierre et, boudant encore, il repose sa tête sur sa main. Jésus s'adresse à Thomas en disant : « Mon ami, plus tôt, plus tôt, dans l'oliveraie, je vous ai dit: "Quand Je reviendrai ici, si vous le voulez encore, vous pourrez devenir l'un de Mes disciples." Maintenant je vous demande : "Êtes-vous prêt à faire une faveur à Jésus?"«
« Très certainement. »
« Et si cette faveur devrait vous coûter sacrifice? »
« Il n'y a aucun sacrifice au fait de Vous servir. Que voulez-Vous? »
« Je voulais le dire... mais vous pourriez être occupé, avoir certaines choses à faire...'
« Non, je n'en ai aucun! J'ai Vous ai Vous! Dîtes-moi. »
« Écoutez. Demain à l'aube, le lépreux quittera les sépulcres pour trouver quelqu'un qui informera le prêtre.

Vous serez le premier à aller dans les sépulcres. C'est la charité. Et vous crier: «Venez, vous qui avez été purifié hier. J'ai été envoyé par Jésus de Nazareth, le Messie d'Israël, Celui qui vous a purifié...." Laissez le monde des «morts vivants» connaître Mon nom, laissez-les palpiter d'espérance, pour que Je puisse guérir ceux qui viennent à moi, ceux qui ont la foi, en plus de l'espoir. C'est la première forme de pureté que je vais faire venir, la première forme de la résurrection, dont je suis le seigneur. Un jour, je vais accorder une plus grande pureté ... Un jour, les tombes scellées expulseront violemment ceux qui sont vraiment morts, et ils apparaîtront et riront avec leurs orbites vides, avec leurs mâchoires nues, grâce à la joie des âmes libérées de Limbo une joie lointaine et pourtant perçue, même des squelettes. Ils semblent rire grâce à cette libération et à battre en sachant qu'elle est due à ... Allez! Il viendra à vous. Vous ferez ce qu'il vous demande de faire; l'aider dans tout, comme s'il était Votre frère, et aussi lui dire: «Quand vous êtes complètement purifié, nous irons ensemble le long de la route de la rivière, au-delà Doco et Ephraïm. Jésus, le Maître, vous attend pour nous pour nous dire ce que nous devons le servir." »

« Je ferai cela, mais qu'advient-il de l'autre? »

« Qui? L'Iscariote? »

« Oui, Maître. »

« Le conseil que je lui ai donné tient toujours. Qu'il prenne son temps et prenne sa décision par lui-même. Non, évitez de le rencontrer. Je serai avec le lépreux. Seuls les lépreux errent dans la vallée des tombeaux et ceux qui sont en contact avec eux par pitié. »

Pierre marmonne quelque chose. Jésus l'entend. « Quel est le problème, Pierre? S Vous êtes toujours en train de vous plaindre et sinon, vous demeurez silencieux. Vous semblez insatisfait. Pourquoi? »

« Je suis insatisfait. Nous étions les premiers et vous n'avez pas fait de miracle pour nous. Nous étions les premiers et vous laissez un étranger s'asseoir à côté de

vous. Nous étions les premiers et vous lui confiez une
tâche, à la place de nous la donner. Nous étions les
premiers et ... malgré cela, oui, nous semblons être les
derniers. Pourquoi allez-vous attendre pour eux sur la
route près de la rivière? Certes, de leur confier une
mission. Pourquoi eux et pas nous? »
Jésus regarde Pierre et lui sourit comme s'Il souriait à un
enfant. Il se lève, avance lentement vers Pierre, et lui dit
en souriant : « Pierre! Pierre! Vous êtes un grand bébé! »
Puis, se retournant vers André Qui est assis à côté de
son frère, Jésus dit « Vas et prend ma place ». Puis, Jésus
s'assoit à côté de Pierre, serrant les épaules de Pierre
avec son bras et en le tenant contre sa propre épaule, Il
dit« Pierre, tu penses que j'agis injustement, mais ce n'est
pas le cas. Au contraire, c'est la preuve que je connais
votre valeur. Regardez. Qui a besoin de preuves? Celui
qui n'est pas encore certain. Je savais que vous étiez si
certain à propos de Moi, que je ne me sentais pas besoin
de vous donner la preuve de Ma puissance. Des preuves
sont requises ici, à Jérusalem, où les âmes ont été
imprégnées par les vices, l'irréligion, la politique et
beaucoup de choses de ce monde, à un point tel qu'ils ne
peuvent plus voir la Lumière qui passe. Mais là-haut, sur
notre beau lac, si claire sous un ciel clair, parmi les gens
honnêtes et de bonne volonté, aucune preuve n'est
nécessaire. Vous aurez des miracles. Je vais verser des
torrents de grâces sur vous. Mais considérez que je vous
ai estimé, je vous ai pris sans exiger aucune preuve et
sans qu'il soit nécessaire de vous en donner, parce que je
sais qui vous êtes. Vous m'êtes cher, si cher, et si
fidèle... »
Pierre, qui se sent mieux : « Pardonnez-moi, Jésus. »
« Oui, Je vous pardonne car votre bouderie est un signe
d'amour. Mais ne soyez plus envieux. Savez-vous ce
qu'est le cœur de Votre Jésus? Avez-vous déjà vu la mer,
la vraie mer? Oui? Bien, mon cœur est plus immense
encore que la mer et il y a de la place pour tout le monde,
pour toute l'humanité et la plus petite personne a tout

autant de place que la plus grande. Un pécheur y trouve
l'amour tout comme un innocent. Je leur confie une
mission. Certainement. Voulez-vous me défendre de le
faire? Je vous ai choisi. Vous ne vous êtes pas choisis
vous-même. Je suis donc libre de de la manière dont je
veux faire appel à vous. Et si je les laisse ici avec une
mission - qui pourrait bien être un test, que le laps de
temps accordé à l'Iscariote peut être dû à la miséricorde
- Pouvez-vous me le reprocher? Comment savez-vous que
je ne garde pas une mission plus grande encore pour
vous? Cette mission ne mérite-t-elle pas d'être annoncée
maintenant: « Vous allez venir avec moi? »
« C'est vrai. Je suis une gourde! Pardonnez-moi.... »
« Oui, Je pardonne tout. Oh! Pierre!... Je vous prie tous
de ne jamais discuter les mérites et positions. J'aurais pu
être né roi. Je suis né pauvre, dans une étable. J'aurais
pu être riche. J'ai vécu avec Mon travail et maintenant je
vis de la charité. Et pourtant, croyez-moi, mes amis, il n'y
a pas de plus grand que moi aux yeux de Dieu. Plus
grand que Moi, Qui suis ici: le serviteur de l'homme. »
« Vous, un serviteur? Jamais! »
« Pourquoi pas, Pierre? »
« Parce que je Vous servirai. »
« Même si vous me serviez comme une mère sert son
enfant, je suis venu pour servir l'homme. Je serai un
Sauveur pour lui. Existe-t-il un tel service ailleurs? »
« Oh! Maître! Vous expliquez tout et ce qui semblait
sombre devient tout de suite clair! »
« Êtes-vous heureux maintenant, Pierre? Maintenant
laissez-moi finir de parler avec Thomas. Êtes- vous sûr
de réussir à reconnaitre le lépreux ? Il est le seul à être
guéri ; mais il pourrait déjà être parti à la tombée de la
nuit, pour trouver un voyageur matinal. Et quelqu'un,
désireux d'entrer dans la ville et de voir ses parents,
pourrait peut-être prendre sa place. Écoutez sa
description. J'étais près de lui et je l'ai vu bien dans le
crépuscule. Il est grand et mince. D'un teint sombre,
comme une race croisée, yeux très profonds et sombres

sourcils blancs comme neige, les cheveux d'une
blancheur éclatante et un peu bouclés, et un long nez
snobé comme les Libyens, deux lèvres proéminentes en
particulier la lèvre inférieure. Son teint est si olivâtre que
ses lèvres tirent sur le violet. Il a une vieille cicatrice sur
son front, et elle sera la seul tache, maintenant qu'il a été
purifié de croûtes et de la saleté. »
« Il doit être vieux, s'il est tout blanc. »
« Non, Philippe, il a l'air vieux, mais il ne l'est pas. La
lèpre lui a donné cette blancheur. »
« Est-ce qu'il est un croisement de races? »
« Peut-être, Pierre. Il ressemble aux gens d'Afrique. »
« Sera-t-il un Israélite, alors? »
« Nous allons le découvrir. Mais supposez s'il n'en soit
pas un? »
« Eh! S'il n'en était pas un, il pourrait partir, Il est déjà
chanceux d'avoir mérité d'être guéri. »
« Non, Pierre. Même si il est un idolâtre, je ne vais pas le
renvoyer. Jésus est venu pour tout le monde. Et je vous
dis que les gens qui vivent dans les ténèbres vont
surmonter les enfants du peuple de la Lumière ... »
Jésus soupire, se lève et remercie le Père avec un hymne
et bénit tout le monde.

Jude D'alphée, Thomas Et Simon Sont Acceptés Comme Disciples Au Jourdain

Nous sommes une fois de plus sur les belles rives du Jourdain, qui résonne avec la paix verte bleue solennelle de ses eaux qui coulent doucement et des branches feuillues comme une douce mélodie. Le débit de l'eau est si doux que seul le bruissement des roseaux fourrés le long du lit de gravier, la montée et la chute des feuilles en forme de ruban longues des cannes de trempage et berçant dans l'eau et aussi le caressantes gracieux et de peignage de la mince feuillage vert souple d'un groupe de saules, les étirant doucement sur la surface de l'eau. La paix et le calme de ce matin n'est brisé que par le chant des oiseaux et le bruissement de l'eau et des feuilles. Des gouttes de rosée scintillement sur l'herbe verte de haut entre les arbres, l'herbe étant récemment devenu adulte après les dernières pluies printanières nourrissantes.

Sur une route militaire romaine bien entretenue qui traverse différentes régions de la capitale, séparé du Jourdain par des bois qui servent à consolider les berges et contenir l'eau en période de crue. Le bois continue également de l'autre côté de la route afin que la route ressemble à un tunnel avec un toit de l'entrelacement des branches feuillues qui donnent une protection bienvenue aux voyageurs à pied, dans le climat chaud.
À un endroit le long de la rivière, il forme une large

boucle, suivie également par la route, le remblai de verdure semble une énorme barrière verte qui entoure un bassin des eaux plus calmes, même, lui donnant l'apparence d'un lac dans un parc de luxe. Au milieu de la courbe, trois voyageurs à pied, Thomas, Jude Thaddée et le lépreux guéri, Simon, attendent. Ils regardent anxieusement vers le nord, vers la Samarie, puis vers le sud, en direction de Jérusalem. Enfin, ils regardent avec espoir et inquiétude entre les arbres et parlent entre eux..

« Apercevez-vous quelque chose? »

« Non, Je ne vous rien. »

« Moi non plus. »

« Pourtant, c'était à cet endroit. »

« Êtes-vous sûr? »

« Je suis sûr, Simon. L'un des six m'a dit, quand le Maître s'en allait au milieu des acclamations de la foule, après la guérison miraculeuse d'un mendiant estropié à la Porte des poissons : « Nous allons maintenant hors de Jérusalem. Attendez que nous cinq miles entre Jéricho et Doco, au détour de la rivière, le long de la route dans la forêt.»Celui-ci. Il a aussi dit : « Nous serons ici dans trois jours, à l'aube. C'est le troisième jour et nous sommes arrivés ici avant l'aube. » »

« Viendra-t-il? Peut-être que nous aurions dû le suivre depuis Jérusalem. »

« Vous n'étiez pas encore autorisé à vous joindre à la foule, Simon. »

« Si mon cousin vous a dit de venir ici, Il viendra certainement ici, il tient toujours Ses promesses. Tout ce que nous pouvons faire, c'est attendre. »

« Avez-vous toujours été avec Lui? »

« Oui, toujours. Depuis qu'Il est revenu à Nazareth, Il est mon bon compagnon. Nous sommes toujours ensemble. Nous sommes du même âge, je suis un peu plus vieux. J'étais le favori de son père, qui était le frère de mon père. De plus, Sa mère m'adorait. J'ai grandi plus avec Elle qu'avec ma propre mère. »

« Elle vous adorait... Nous vous adore-t-elle pas tout autant, maintenant? »

« Oh! Oui, Elle est. Mais nous sommes séparés un peu depuis qu'Il est devenu un prophète. Mes proches ne sont pas heureux de cela. »

« Quels proches? »

« Mon père et les deux frères plus vieux. L'autre n'est pas décidé... Mon père est très vieux et je n'avais pas le courage de le blesser. Mais maintenant ... Maintenant, ce n'est plus le cas. Maintenant, je vais où mon cœur et mon esprit me disent d'aller. Je vais vers Jésus. Je ne pense pas que j'offense la loi en le faisant. En tout cas ... si ce que je veux faire n'était pas juste, Jésus me le dirait. Je ferai faire ce qu'il me dit de faire. Est-il juste pour un père d'empêcher un fils de faire le bien? Si je sens que mon salut est là, Pourquoi m'empêcher d'y accéder? Pourquoi, nos pères sont-ils parfois nos ennemis?»

Simon soupire, comme celui qui est accablé de souvenirs tristes Il baisse la tête, mais ne parle pas.

« J'ai déjà surmonté l'obstacle....' dit Thomas. '...Mon père m'a écouté et il m'a compris. Il m'a béni et a dit "Allez. Que cette Pâque être pour vous la libération de l'esclavage de l'attente Vous avez de la chance parce que vous pouvez croire. J'attendrai. Mais c'est vraiment «Lui», et vous le découvrirez en le suivant, alors venez et dites à Votre vieux père: «Viens, Israël a celui qui est attendu» ". »

« Vous avez plus de chance que moi, et nous avons toujours vécu à Ses côtés! Nous, dans la famille, ne croyons pas!... Nous disons, enfin : ils disent : « Il est devenu fou! » »

« Là, il y a un groupe de personnes » crie Simon. »C'est lui, c'est lui! Je reconnais sa tête blonde! Oh! Venez! Courons! »Ils commencent à marcher position rapide sud. Lorsqu'ils atteignent le centre de la courbure, les arbres couvrent le reste de la route, de sorte que les deux groupes se rencontrent, se faisant face de manière inattendue. Jésus semble venir de la rivière, parce qu'il est parmi les arbres sur la rive.

« Maître! » »Jésus! » »Mon Seigneur! »
Les trois cris du disciple, du cousin et du lépreux guéri
sont pleins de joie et de vénération.
« Paix à vous! » Vient la voix unique, belle , calme,
expressive, claire, virile, douce et incisive du Maître! »
Vous aussi, Judas, Mon cousin, vous êtes ici? »
Ils s'étreignent. Judas pleure à chaudes larmes.
« Pourquoi pleurez-vous? »
« Oh! Jésus! Je veux rester avec Vous! »
« Je vous ai attendu tout le temps. Pourquoi n'êtes-vous
pas venu?»Judas penche la tête et demeure silencieux.
« Ils ne vous ont pas laissé faire! Et maintenant? »
« Jésus, Je... Je ne peux pas leur obéir. Je veux n'obéir
qu'à Vous. »
« Mais je ne vous ai pas donné d'ordre. »
« Non, vous ne l'avez pas fait. Mais il mission Votre c'est
qu'il donne! C'est Lui qui a envoyé vous, qui parle ici,
dans mon cœur, et dit à moi: «Allez à Lui». C'est elle, qui
portait Vous, mon professeur doux, qui, avec son regard
doux, doux comme une colombe de, me dit sans dire un
mot: «Soyez de Jésus. » Puis-je ignorer cette voix céleste
qui me perce le cœur? Puis-je ignorer les prières d'une
telle femme sainte, Qui me supplie pour mon propre
bien? Seulement parce que je suis Votre cousin du côté
de Joseph, ne puis-je pas vous reconnaître pour ce que
vous êtes, alors que le Baptiste Vous a reconnu, bien
qu'il ne Vous ait jamais vu, ici, sur les rives de ce fleuve
et il vous accueille comme l'« Agneau de Dieu »? Et moi,
ne devrais-je pas être capable de quelque chose, même si
j'ai grandi avec vous, et je suis bien parce que je vous
suivais, et je suis devenu un fils de la loi par Votre Mère,
de qui j'ai appris non seulement les six cent treize
préceptes des rabbins, outre les écritures et la prière,
mais aussi l'essence de tout cela? »
« Et votre père? »
« Mon père? Il ne manque pas de pain ni d'assistance, et
puis ... vous me donnez l'exemple. Vous avez pensé au
bien-être de la population, plutôt qu'au petit parti de

Marie, et elle est seule. Dîtes-moi, Maître, N'est-il pas juste pour un fils de dire à son père, sans lui manquer de respect : « Père, je vous aime, mais Dieu est au-dessus de vous et je le suivrai » ? »

« Judas, Mon cousin et Mon ami, Je vous dis: vous avez fait un bon progrès sur le chemin vers la Lumière. Venez. Maintenant, il est permis de parler tel qu'à un père, quand il s'agit de Dieu Qui appelle. Il n'y a rien qui soit au-dessus de Dieu. De plus, les lois des relations cessent, c'est qu'ils sont élevés à une dignité, car avec nos larmes, nous donnons à nos pères et à nos mères une plus grande aide et pour quelque chose qui dure toujours, et pas seulement pour le peu de temps dans ce monde. Nous les attirons avec nous au ciel en sacrifiant nos affections, à Dieu. Ainsi, Judas, restez ici. J'ai attendu pour vous et je suis heureux de vous avoir, l'ami de ma vie à Nazareth. »

Judas est touché.

Jésus s'adresse à Thomas : « Vous avez obéi fidèlement. C'est la plus importante vertu d'un disciple. »

« Je suis venu parce que je veux être fidèle à Vous. »

« Et vous le serez. Je vous le dit, et aussi à vous, qui vous cachez timidement dans l'ombre, venez ici. N'ayez pas peur. »

« Mon Seigneur! » Puis, Simon se jette aux pieds de Jésus'.

« Levez-vous. Votre nom? »

« Simon. »

« Votre famille? »

« Mon Seigneur... elle était puissante... j'étais puissant aussi... Mais la haine sectaire amère ... et les erreurs de jeunesse ont endommagé son pouvoir. Mon père ... Oh! Je dois dire du mal de lui, qui m'a causé tant de larmes sur cette terre! Vous voyez, vous avez vu le cadeau qu'il m'a donné. »

« Était-il un lépreux? »

« Il n'en était pas un et moi non plus, mais il souffrait d'une autre maladie que nous associons, en Israël, avec plusieurs formes de lèpre. Il ... sa caste était alors triomphante; il a vécu et est mort comme un homme puissant, à la maison. Je ... si vous ne m'aviez pas sauvé, je serais mort dans la vallée de sépultures. »

« Êtes-vous seul? »

« Oui, je le suis. J'ai un fidèle serviteur qui s'occupe de ce que la propriété est laissée. J'ai envoyé un mot pour lui. »

« Et votre mère? »

« Elle... est morte. »et Simon semble embarrassé.

Jésus le regarde attentivement. « Simon, vous m'avez demandé : « Qu'est-ce que je peux faire pour Vous? » Maintenant, je vous dis : Suivez-moi. »

« Je le ferai, immédiatement, mon Seigneur ... Mais ... Mais je ... Laissez-moi vous dire une chose. Je suis, je fus appelé «zélote» en raison de la caste, et «Cananéen», à cause de ma mère. Voyez. Je suis d'un teint foncé. Dans mes veines, il y a le sang d'une femme esclave. Mon père n'avait pas d'enfants par sa femme, et il m'a eu par un esclave. Sa femme était une bonne femme et elle m'a élevé comme son propre fils et elle a pris soin de moi dans mes maladies sans fin jusqu'à sa mort... »

« Il n'y a pas d'esclaves ou d'hommes libres aux Yeux de Dieu. Il n'y a qu'un seul esclavage à ses Yeux: le péché. Et je suis venu abolir. J'appelle tout le monde, parce que le Royaume est pour tous les hommes. Êtes-vous un savant?»

« Oui, je le suis. J'avais aussi ma position parmi les gens importants, aussi longtemps que ma maladie était caché sous mes vêtements. Mais quand il s'est répandu sur mon visage ... Mes ennemis alors ne pouvaient pas croire qu'ils étaient enfin en mesure de me confiner au sein de la «mort», mais un médecin romain de Césarée, quand je l'ai consulté, il m'a dit que ce n'était pas réellement la lèpre, mais plutôt une éruption cutanée héréditaire *, que je ne propagerais que par la procréation. Est-il possible pour moi de ne pas maudire mon père?»

* mycose

« Vous ne devez pas le maudire. Il vous a causé toutes

sortes de problèmes ... »
« Oh, oui! Il était un dissipateur, un, cruel, impitoyable
homme vicieux sans amour. Il m'a privé de mon état de
santé, il m'a refusé l'amour et la paix, il m'a marqué d'un
nom honteux et d'une maladie qui est une marque
d'infamie ... Il voulait tout pour lui, même l'avenir de son
fils. Il m'a privé de tout, même de la joie d'être père. »
« C'est pourquoi je vous dis : « Suivez-moi. ». En tant que
mon disciple, vous trouverez père et les enfants. Regardez
vers le haut, Simon. Là, le Vrai Père vous sourit.
Regardez le monde entier, les continents, les pays : il y a
des enfants et des enfants partout dans le monde;
enfants dans l'âme pour les personnes sans enfant... Ils
vous attendent, et plusieurs comme vous attendent
aussi. Il n'y a aucun enfant abandonné sous Mon Signe.
Il n'y a aucune solitude, aucune différence dans Mon
Signe. C'est un signe d'amour et il donne l'amour. Venez,
Mon Simon sans enfant. Venez, Judas, qui perdez votre
père pour Moi. Je m'unis à vous dans le même destin. »
Ils sont tous les deux à côté de lui et il tient ses mains
sur leurs épaules comme s'il prenait possession d'eux et
imposer un joug commun sur eux. « Et je vous unit
..... »dit-il. « .... Mais maintenant, je vais vous séparer.
Simon, vous resterez ici avec Thomas. Vous allez
préparer avec lui le chemin pour mon retour: Je
reviendrai bientôt, et je veux que les gens attendent mon
retour. Dites aux personnes malades que Celui qui peut
guérir leurs maladies, est sur le point de venir ici : vous
pouvez certainement leur dire cela. Dîtes à ceux qui
attendent que le Messie est parmi Son peuple. Dîtes aux
pécheurs que Celui qui pardonne est venu leur donner la
force de se relever.... »
« Serai-je capable de faire cela? »
« Oui, vous le serez. Tout ce que vous avez à dire est : "Il
est venu. Il vous appelle. Il vous attend. Il est venu de
vous accorder des grâces. Venez ici pour le voir", et à ces
mots, ajouter un rapport de ce que vous savez. Vous,
Judas, Mon cousin, venez avec eux et Moi, mais vous

resterez à Nazareth. »

« Pourquoi, Jésus? »

« Parce que vous devez préparer Mon chemin dans Ma patrie. Pensez-vous que c'est une petite mission? Je peux vous dire qu'il n'y a pas une plus dure ...» Jésus soupire.

« Et réussirai-je? »

« Oui et non, mais ce sera suffisant pour être justifié. »

« Justifié de quoi? Et devant Qui? »

« Devant Dieu. Devant votre patrie. Devant votre famille. Ils ne pourront rien nous reprocher, parce que nous avons offert de bonnes choses : et si la patrie et la famille dédaignent notre offre, nous ne serons pas blâmés pour leur perte. »

« Et nous? »

« Vous, Pierre? Vous allez aller retrouver vous filets à pêche. »

« Pourquoi? »

« Parce que je vous apprendrai lentement et je vous emmènerai avec Moi, quand je Vous trouverai prêt. »

« Allons-nous Vous voir, alors? »

« Certainement. Je viendrai souvent vous voir, ou j'enverrai pour vous quand je suis à Capharnaüm. Maintenant, laissez-nous dire au revoir, Mes amis et partons. Je vous bénis, ceux qui restent ici. Que Ma paix soit avec Vous. »

Retour À Nazareth Après La Pâque Avec Les Six Disciples

Jésus est sur le chemin du retour vers Nazareth accompagné de son cousin, Jude Thaddée et aussi de ses six disciples. Du haut de la colline où ils sont, ils peuvent voir le village blanc entre le vert des arbres, avec ses maisons dispersées sur le haut et le bas des pentes doucement ondulées qui diminuent légèrement dans certains endroits et sont plus fortes à d'autres.

« Nous sommes arrivés, Mes amis. Voici Ma maison. Ma Mère est là puisqu'on peut apercevoir de la fumée qui s'élève au-dessus de la maison. Peut-être qu'elle fait la cuisine. Je ne vous demanderez pas de venir loger avec Moi, parce que j'imagine que vous avez hâte de rentrer chez vous. Par contre, si vous avez envie de partager Mon pain avec Moi et de rencontrer ma Mère, Que Jean a déjà rencontré, alors je vous dis : « Venez. » »

Les six disciples, qui sont déjà attristés par la séparation imminente, retrouvent tous leur bonne humeur et acceptent l'invitation de tout cœur.

« Allons-y, alors. »

Ils descendent la colline rapidement et prennent la route principale. L'air est encore chaud mais la journée laisse place au soir et les ombres du soir tombent partout dans le pays, où les cultures commencent à mûrir.

Comme ils entrent dans le village, il y a des femmes qui vont çà et là entre la fontaine et leurs maisons, il y a des hommes debout sur le seuil de leurs petits ateliers ou travaillant dans leurs potagers. Ils saluent Jésus et Judas. Ils passent, les enfants entourent Jésus, et ils bavardent:

« Êtes-vous revenu? »

« Demeurerez-Vous ici, maintenant? »

« La roue de ma petite brouette est encore brisée »

« Saviez-vous, Jésus. Que j'ai une nouvelle sœur, un bébé qu'ils ont appelé Marie. »

« Le Maître d'école m'a dit que j'avais tout appris et que j'étais un vrai fils de la Loi. »

« Sara n'est pas là car sa mère est très malade. She cries, because she is afraid. »,

« Mon frère Isaac s'est marié. Il y a eu un somptueux festin. »

Jésus écoute, caresse, louange, et promet Son aide.

Ils atteignent alors la maison. Attend déjà à la porte, puisqu'elle a été informée par un garçon obligeant.

« Fils! »

« Mère! »

Puis, mère et fils sont dans les bras l'un de l'autre. Marie Qui est beaucoup plus courte que Jésus, pose sa main sur la poitrine de Son Fils, entourée de Ses bras. Il embrasse Ses cheveux blonds et ils entrent ensuite dans la maison.

Les disciples, incluant Judas, restent dehors, pour laisser à Jésus et à Marie quelques instants d'intimité.

« Jésus! Mon Fils! » et la voix de Marie tremble, comme étouffée par les sanglots. »

« Pourquoi, Mère, Pourquoi êtes-Vous si en colère? »

« Oh! Fils. Ils M'ont dit... Au Temple, ce jour-là, il y avait quelques Galiléens et des Nazaréens ... Ils sont revenus... et ils M'ont dit... Oh! Fils! »

« Mais vous pouvez voir, Mère, que je suis bien. Je ne souffre d'aucun mal. Dieu a été glorifié dans Sa Maison. »

« Oui, Je sais, Fils de Mon cœur. Je sais que c'était comme le vacarme réveillant les dormeurs et Je suis

heureuse pour la gloire donnée à Dieu ... Je suis
heureuse que mon peuple se réveille à Dieu ... Je ne
vous reproche rien ... Je ne vais pas être un obstacle
pour Vous ... Je vous comprends et ... et Je suis
heureuse, mais Je vous ai engendré Vous, fils!... » Marie
est toujours entourée par les bras de Jésus et Elle a
parlé tenant Ses petites mains ouvertes pressées contre
la poitrine de Son Fils, la tête tournée vers Lui, Ses
yeux brillants de larmes prêtes à couler sur Ses joues.
Maintenant, Elle est silencieuse, la tête appuyée sur sa
poitrine et Elle ressemble à une tourterelle grise, dans sa
robe grisâtre, à l'abri de deux fortes ailes blanches, car
Jésus porte sa tunique blanche et une cape.
« Mère! Pauvre Mère! Chère Mère!... » Jésus L'embrasse
de nouveau. Puis, il dit « Bon, vous voyez? Je suis là,
mais je ne suis pas seul. J'ai Mes premiers disciples
avec Moi, et les autres sont en Judée. Aussi Mon cousin
Judas est avec moi et me suit ... »
« Judas? »
« Oui, Judas. Je sais Pourquoi Vous êtes surpris. Parmi
ceux qui vous ont raconté ce qui est arrivé, il y avait
certainement Alphée avec ses fils, et Je ne Me trompe
pas si je vous dis qu'ils Me critiquent. N'ayez pas peur. Il
en est ainsi aujourd'hui, mais demain, ce sera différent.
Un homme doit être cultivé comme la terre, où il y a
des épines, on trouve aussi des roses. Judas, que Vous
adorez, est déjà avec moi. »
« Ou est-il maintenant? »
« Dehors avec les autres. Avez-Vous pris assez de pain
pour tout le monde? »
« Oui, Fils. Marie d'Alphée le sort du four à l'instant.
Marie est très bonne pour Moi, particulièrement
maintenant. »
« Dieu lui donnera la gloire. »Il va à la porte et appelle :
« Judas! Votre Mère est ici! Entrez, Mes amis! »
Ils entrent et rencontrent la Mère de Jésus. Judas
l'embrasse puis court à la recherche de sa Mère.
Jeau, qui a déjà rencontré Marie, lui parle juste

après Judas, se prosterner devant Elle et recevant Sa
bénédiction.
Puis, Jésus présente les cinq autres disciples par leur
nom: Pierre, André, Jacques, Nathanaël, Philippe.
Marie les accueille et leur demande de s'asseoir. Elle est
la propriétaire et même si elle adore Son Jésus de Ses
regards ; Son âme semble à Son Fils par Ses yeux. Elle
prend soin de Ses invités. Elle aimerait apporter de l'eau
pour les rafraîchir, mais Pierre s'y oppose :»Non, Femme.
Je ne peux permettre cela.
S'il-vous-plaît, Assoyez-Vous près de Votre Fils, Sainte
Mère. J'irai, nous allons tous aller dans le jardin de la
cuisine pour nous rafraîchir.»
Marie d'Alphée se précipite, rouge et couverte de farine
et elle salue Jésus, qui la bénit. Puis, elle conduit
les six hommes dans le jardin de la cuisine, à la
fontaine, et revient heureuse. « Oh! Marie!» dit-elle à la
Vierge.»Judas m'a dit. Comme je suis heureuse! Pour
Judas et pour Vous, ma chère belle-sœur. Je sais que
les autres vont me gronder. Mais ce n'est pas grave. Je
serai heureux le jour où je sais qu'ils sont tous pour
Jésus. Nous sommes Mères et nous savons ... nous nous
sentons Quel intérêt bon pour nos enfants. Et je sens que
vous, Jésus, êtes la richesse de mes enfants.'
Jésus caresse sa tête et lui sourit.
Les disciples reviennent à l'intérieur et Marie d'Alphée
leur sert du pain à l'arôme agréable, des olives et du
fromage. Elle apporte ensuite une petite amphore de vin
rouge, que Jésus verse à ses amis. C'est toujours Jésus
qui offre, puis repose les choses. Au début, les disciples
sont quelque peu embarrassés, puis, ils deviennent
plus sûrs d'eux-mêmes et parlent de leurs maisons,
du voyage à Jérusalem, des miracles que Jésus a faits.
Ils sont pleins de zèle et d'affection et Pierre essaye de
former une alliance avec Marie pour que Jésus le prenne
immédiatement et qu'il n'ait pas à attendre à Bethsaïde.
« Faîtes ce qu'Il vous dit » demande instamment Marie,
avec un sourire doux.»l'attente sera plus utile pour vous

qu'une union immédiate. Peu importe ce que Mon Jésus fait, c'est toujours bien fait. »
L'espoir de Pierre s'évanouit mais il se soumet de bonne grâce, demandant seulement : « L'attente sera-t-elle longue? »
Jésus lui sourit, mais n'ajoute rien.
Marie interprète le sourire de Jésus' comme un signe favorable et Elle explique : « Simon de Jonas, Il sourit... Je vous dis donc: Votre attente obéissante sera aussi vite passée que le vol d'une hirondelle sur le lac. »
« Merci, Femme. »
« N'avez-vous rien à dire, Judas? Et vous, Jean? »
« Je Vous regarde, Marie. »
« Et moi aussi. »
« Je vous regarde aussi ... et savez-vous ? Cela me rappelle une époque révolue. Lorsque j'avais trois paires d'yeux qui me regardaient avec amour. Vous souvenez-vous, Marie, Mes trois élèves? »
« Oh! Je ne me souviens! Vous êtes tout à fait raison! Et même maintenant, trois de presque le même âge, vous regardent avec tout leur amour. Et je pense que Jean est comme Jésus, comme Jésus l'était alors, si beau et attrayant, le plus jeune de tous. »

Les autres sont impatients d'en savoir plus ... et les souvenirs et les histoires du passé sont réveillés et liés comme il fait nuit dehors.

« Mes amis, Je n'ai pas de chambres, mais l'atelier où je travaillais est là. Si vous souhaitez vous mettre à l'abri là-bas ... Mais il n'y a rien que des bancs dans cette pièce. »
« Un lit confortable pour les pêcheurs, l'habitude de dormir sur des planches étroites. Merci, Maître. C'est un honneur et une bénédiction pour dormir sous votre toit. »
Ils se souhaitent bonne nuit et se retirent. Judas va aussi à la maison avec sa Mère laissant Jésus et Marie dans la salle, assis sur le coffre, à la lumière de la petite lampe à

huile, chacun avec un bras autour de l'épaule de l'autre, et Jésus raconte à Marie son récent voyage. Et Marie écoute, paisible, anxieuse, heureuse.

Guérison D'un Homme Aveugle À Capharnaüm

C'est un beau coucher de soleil d'été; l'ouest du ciel
est illuminé par l'éclat du soleil couchant et le lac de
Génésareth (également appelé lac de Tibériade ou mer de
Galilée) ressemble à un immense disque enflammé sous
un ciel embrasé. Les rues de Capharnaüm commencent
tout juste à être envahies par des femmes se rendant
à la fontaine, des pêcheurs préparant leurs filets, des
bateaux s'en allant pêcher la nuit, des enfants s'amusant
dans les rues et de petits ânes portant des paniers vers
la campagne, probablement pour obtenir des légumes
. Jésus sort de la maison de Pierre, par une porte qui
s'ouvre sur une petite cour complètement ombragée par
une vigne et un figuier. Un chemin de pierre va au-delà
de la porte et descend le long du lac. Pierre est sur le
rivage avec André, et dispose les paniers et les filets dans
le bateau. Il le tri des sièges et des rouleaux de corde, se
préparant pour une nuit de pêche. André, qui aide Pierre,
va et vient de la maison au bateau.
« Ferez-vous une bonne pêche? » demande Jésus à ses
disciples «Le temps est favorable. L'eau est calme, nous
serons au clair de la lune. Les poissons remonteront à la
surface et mon filet les attrapera.
« Allons-nous partir seuls? »
«Oh! Maître! Comment pourrions-nous tout gérer nous-
mêmes avec ce type de filet. »
« Je ne suis jamais allé à la pêche et je m'attends à ce

que vous me l'enseigniez. »Jésus descend très lentement
vers le lac et s'arrête par le bateau, sable rugueux,
parsemé de galets.
« Vous voyez, Maître: voici ce que nous faisons. Je vais
à côté du bateau de Jacques de Zébédée, et nous allons
ensuite au bon endroit, les deux bateaux ensemble.
Ensuite, nous abaissons le filet. Nous tenons une
extrémité. Vous avez dit que Vous vouliez la tenir. »
« Oui, si vous Me dites ce que je dois faire. »
Oh! Vous devez seulement le regarder descendre. Il
faut l'abaisser lentement et sans faire de nœuds. Très
lentement, car nous serons dans une zone de pêche, et
tout mouvement brusque peut effrayer les poissons. Sans
nœuds, sinon le filet se fermera, alors qu'il doit s'ouvrir
comme un sac, ou si vous préférez, comme un voile
soufflée par le vent. Puis, quand le filet est complètement
abaissé, nous allons ramer doucement, ou nous pouvons
mettre à la voile, suivant les circonstances, en formant
un demi-cercle sur le lac.
Lorsque la vibration de la cheville de sécurité nous
permet de constater que nous avons fait une bonne
pêche, nous nous dirigeons vers la rive. Quand nous
sommes presque sur la rive - pas avant pour éviter de
courir le risque de perdre tous les poissons; pas après,
pour éviter d'endommager à la fois les poissons et le filet
sur les pierres - nous ramènerons le filet. A ce stade,
nous devons être très prudents, parce que les bateaux
doivent être assez près pour permettre à un bateau
d'attraper la fin du filet de l'autre, mais les bateaux ne
doivent pas entrer en collision. Il faut éviter d'écraser
le filet plein de poissons. S'il vous plaît, Maître, faites
attention, c'est notre pain quotidien. Gardez un œil sur le
filet, afin que les secousses ne puissent pas le retourner.
Les poissons luttent pour leur liberté avec de forts coups
de queue, et si ils sont nombreux ... Vous l'aurez compris
... Ils sont petits, mais si dix, cent, mille d'entre eux se
réunissent, ils deviennent aussi fort que Léviathan. »

« La même chose arrive avec les péchés, Pierre. Après tout, un défaut n'est pas irrémédiable. Mais si l'on ne fait pas attention à se contrôler, et on ajoute faute pour défaut, à la fin un petit défaut, peut-être une seule omission, ou une faiblesse simple, devient plus grand et plus gros, cela devient une habitude, il devient un vice capital. Parfois cela commence avec un regard luxurieux et puis on finit par commettre l'adultère. Parfois, en manquant tout simplement de charité quand on parle à un parent, on finit par faire violence à son prochain. Ne jamais, jamais permettre à des défauts de devenir plus graves ou plus nombreux, si vous voulez éviter les ennuis! Ils deviennent dangereux et dominateurs comme le serpent infernal lui-même, et ils vous feront vous enfoncer dans la Géhenne ».

« Ce que vous dîtes est juste, Maître... mais nous sommes si faibles!»

« Le souci et la prière sont nécessaires pour devenir fort et obtenir de l'aide, ainsi qu'une forte volonté de ne pas pécher. Vous devez avoir une confiance totale en la justice aimante du Père. »

« Pensez-vous qu'Il ne sera pas trop sévère avec Simon? »

« Il aurait pu être sévère avec le vieux Simon. Mais avec mon Pierre, avec l'homme nouveau, l'homme de son Christ ... Non, Pierre, il ne le sera pas. Il vous aime et vous aimera.»

« Et moi? »

« Vous aussi, André; et Jean, Jacques, Philippe et Nathanaël ainsi. Vous êtes les premiers que J'ai choisi »

« Y en aura-t-il d'autres? Il y a votre cousin, et en Judée... »

« Oh! Il y a en aura plusieurs autres. Mon Royaume est ouvert à toute l'humanité et je vous dis que ma recherche, dans les nuits de siècles, sera plus abondante que Votre plus riche pêche... Parce que chaque siècle est une nuit où pas la pure lumière d'Orion ou de la lune de la voile sera le guide et la lumière de l'humanité, mais la parole du Christ et la grâce qu'il se donner; une

nuit qui va devenir l'aube d'un jour sans soleil et de la
lumière dans laquelle tous les fidèles vivra et sera l'aube
d'un soleil qui fera toute la resplendissante choisi, beau,
heureux pour toujours même comme Dieu. Mineure
Dieu, les enfants de Dieu le Père et comme moi ... Il n'est
pas possible pour vous de comprendre maintenant. Mais
je vous dis que votre vie chrétienne vous fera ressembler
à Votre Maître, et vous permettra de rayonner dans le ciel
avec ses signes. Ainsi, malgré la méchanceté envieuse de
Satan et le manque de volonté des hommes, mon courrier
sera plus abondant que la vôtre. »
« Mais serons-nous Vos seuls apôtres? »
« Êtes-vous jaloux, Pierre? Non, ne soyez pas! D'autres
viennent et dans mon cœur il y aura l'amour pour tout le
monde. Ne pas être gourmand, Pierre. Vous ne savez pas
encore qui vous aime. Avez-vous déjà compté les étoiles?
Ou les pierres dans la profondeur du lac? Non, vous
ne pouviez pas. Et vous seriez encore moins en mesure
de compter les battements que mon cœur est capable
d'émettre par amour. Avez-vous jamais été en mesure de
compter combien de fois ce lac embrasse la terre avec ses
vagues au cours des douze lunes? Non, vous ne seriez
jamais capable de le faire. Et vous seriez encore moins
en mesure de compter les vagues d'amour que mon cœur
déverse pour embrasser les hommes. Soyez sûr de mon
amour, Pierre. »
Pierre est profondément ému et il prend la main de Jésus
et l'embrasse.

André regarde, mais n'ose pas prendre la main de Jésus.
Mais Jésus lui caresse les cheveux avec sa main et dit:
«Je Vous aime aussi, beaucoup. À l'heure de Votre aube,
sans avoir à lever l'œil, vous verrez Votre Jésus se refléter
dans la voûte du ciel, et il vous sourira en vous disant:
«Je vous aime. Venez «, et Votre disparition à l'aube sera
plus douce que d'entrer dans une chambre nuptiale ...»

« Simon! Simon! André! Je suis là... Je viens... ' appelle

Jean, qui se dépêche vers eux, essoufflé. 'Oh! Maître!
Vous ai-je fait attendre?' Jean regarde Jésus avec les
yeux d'un amant. »
Pierre répond: «Pour vous dire la vérité, je commençais
à penser que vous ne veniez plus. Préparez votre bateau
rapidement. Et Jacques? ...
« Eh bien... nous sommes en retard à cause d'un homme
aveugle. Il pensait que Jésus était dans notre maison
et il s'y est rendu. Nous lui avons dit: "Il n'est pas ici,
peut-être qu'il vous guérira demain. Attendez." Mais il ne
voulait pas attendre. Jacques lui a dit : « Vous attendez
depuis si longtemps de voir la Lumière, qu'est-ce qu'une
nuit de plus peut changer?»Mais il ne voulait pas
entendre raison... »
« Jean, si vous étiez aveugle, auriez-vous hâte de voir
votre Mère?»
« Oh!...très certainement! »
« Eh bien alors? Où est l'homme aveugle? »
« Il vient avec Jacques. Il s'empara de son manteau et
ne sera pas le laisser aller. Mais il arrive très lentement
parce que la terre est couverte de pierres, et il trébuche
contre eux ... Maître, voulez-vous me pardonner d'être
difficile? »
« Oui, Je le ferai, mais de faire amende honorable, et aller
aider l'homme aveugle et amenez-le Moi. »
Jean s'enfuit. Pierre secoue la tête, mais ne dit rien. Il
regarde le ciel qui est en train de changer d'une teinte de
cuivre profond au bleu. Il regarde le lac et sur les autres
bateaux qui sont déjà à la pêche et il soupire.
« Simon? »
« Maître? »
« N'ayez pas peur. Vous avez une bonne pêche, même si
vous êtes le dernier à partir. »
« Cette fois aussi? »
« Chaque fois que vous êtes charitable, Dieu vous
accordera la grâce de l'abondance. »
« Voilà l'homme aveugle. »
Le pauvre aveugle s'approche entre Jacques et Jean, un

bâton de marche à la main, mais à l'heure actuelle, il
ne l'utilise pas et il marche mieux supporté par les deux
jeunes hommes.
« Voilà, homme, le Maître est devant vous. »
« L'homme aveugle s'agenouille: 'Mon Seigneur! Ayez
pitié de moi. »
« Voulez-vous voir? Levez-vous. Depuis combien de temps
êtes-vous aveugle? »
Les quatre apôtres se rassemblent autour des deux
autres.
« Sept ans, Seigneur. Avant, je voyais bien et je pouvais
travailler. J'étais un forgeron à Césarée sur-Mer. Tout
allait bien. Le port, du bon commerce, ils avaient
toujours besoin de moi pour un emploi ou une autre.
Un jour, en travaillant un morceau de fer pour fabriquer
une ancre et vous pouvez imaginer comme il était rouge
et chaud, il devait être souple-et un éclat est sorti, et
a brûlé mes yeux. Mes Yeux étaient déjà blessés par
la chaleur de la forge. J'ai perdu l'œil blessé, et l'autre
est également devenu aveugle trois mois plus tard. J'ai
dépensé toutes mes économies, et maintenant je vis de la
charité »
« Êtes-vous seul? »
« Je suis marié et nous avons trois jeunes enfants... ; Je
n'ai pas vu le visage d'un seul d'entre eux... et j'ai une
vieille Mère. Ma femme et elle gagnent un peu de pain
et avec ce qu'elles gagnent et l'aumône que je prends à
la maison, nous parvenons à ne pas mourir de faim. Si
j'étais guéri!... Je retournerais travailler. Tout ce que je
demande est de pouvoir travailler comme un bon Israélite
pour pouvoir nourrir ceux que j'aime. »
« Et vous êtes venu à Moi? Qui vous a dit? »
« Un lépreux que Vous avez guéri au pied du Mont
Thabor, quand vous reveniez au lac après le beau
discours que vous avez fait.»
« 'Que vous a-t-il dit? »
« Que vous pouvez tout faire. Que Vous êtes la santé de
corps et des âmes. Que vous êtes une lumière pour les

âmes et les corps, car Vous êtes la lumière du Dieu. Il, même si un lépreux, avait osé se mêler à la foule, au risque d'être lapidé, tout enveloppé dans son manteau, parce qu'il avait vu Vous passant par sur le chemin de la montagne, et Votre visage avait allumé l'espoir dans son cœur. Il m'a dit: «J'ai vu quelque chose dans ce visage qui me dit tout bas:« Il est de la santé là-bas. Allez! Et je suis allé. «Puis il a répété Votre parole et il m'a dit que vous l'avez guéri, le touchant de la main, sans dégoût. Il revenait du prêtre après sa purification. Je le connaissais. J'avais fait quelques travaux pour lui quand il avait un magasin à Césarée. Je suis allez, Vous demandant dans chaque ville et village. Maintenant, je Vous ai trouvé ... Ayez pitié de moi! »
« Venez. La lumière est encore trop lumineuse pour vous qui sortez de l'obscurité! »

« Allez-vous me guérir, alors? »

Jésus le guide à la maison de Pierre et dans la pénombre du jardin de la cuisine, il met l'homme aveugle devant lui de telle sorte les yeux guéris ne puissent pas voir, le lac encore étincelant de lumière tout de suite. Comme un enfant très docile, l'homme obéit sans poser de questions.

Jésus étend ses mains sur la tête de l'homme à genoux et prie:

« Père! Votre lumière pour Votre fils! »

Il reste dans cette position pendant un moment. Puis il mouille ses doigts-avec de la salive, puis effleure légèrement la Yeux ouverts, mais sans vie avec sa main droite.

Un moment. Puis l'homme cligne des yeux et se frotte les paupières comme un réveil du sommeil.

« Que voyez-vous? »

« Oh!... oh!... oh!... Dieu Éternel! Je crois... Je crois...
oh! Que je peux voir... Je vois votre cape... elle est rouge,
n'est-ce pas? Et une main blanche, une ceinture de
lainage... oh! Doux Jésus... Je vois de mieux en mieux,
plus je m'habitue à vois... Il y a l'herbe sur la terre... et
ici il y a un puits... et puis une vigne...»
Levez-vous, Mon ami.
L'homme se lève, pleurant et riant en même temps.
Pendant un instant, il hésite, déchiré entre le respect et
le désir, puis il relève son visage et rencontre les yeux
de Jésus. Jésus sourit, plein d'amour miséricordieux.
Comment cela doit être beau de retrouver sa vue et
de voir ce visage en premier! Les cris et les gestes de
l'homme vont dans tous les sens, puis il se maîtrise.
Mais Jésus ouvre les bras et attire vers Lui l'homme qui
est beaucoup plus petit que Lui. « Rentrez chez vous
maintenant, et soyez heureux et juste. Allez avec Ma paix
».
« Maître, Maître! Seigneur! Jésus! Saint! Béni! La
lumière... Je vois... Je vois tout... Il a le lac bleu, le ciel
clair, le soleil couchant, et puis les cornes de la lune
croissante ... Mais c'est dans Vos yeux que je vois le bleu
le plus beau et le plus clair, et en Vous je vois la beauté
du soleil le plus vrai, et la lumière de la lune chaste et
bénite. Vous êtes l'étoile de ceux qui souffrent, la lumière
de l'aveugle, la vie de la pitié! »
« Je suis la Lumière des âmes. Soyez un fils de la
Lumière. »
« Oui, Jésus, toujours. Chaque fois que je ferme mes
yeux qui viennent de renaître, je vais renouveler mon
serment. Que Vous et le Très-Haut soyez bénis »
« Béni soit le Très-Haut Père! Allez! »
Mais l'homme s'en va, heureux, sûr de lui, pendant que
Jésus et les apôtres stupéfaits embarquent en bateau et
partent loin.

Jésus Prie La Nuit

C'est le milieu de la nuit et la voûte étoilée du ciel se
reflète faiblement dans l'éclat du lac de Galilée, qui lui-
même, n'est pas visible dans l'obscurité, mais que l'on
devine, dormant paisiblement sous les étoiles en raison
du clapotis de ses eaux sur la rive de gravier.
Sans faire de bruit, Jésus sort de la maison de Pierre
à Capharnaüm, où il a passé la nuit pour rendre
Pierre heureux. En entrouvrant la porte, Jésus regarde
pensivement le ciel, le lac et la route, puis commence à
marcher vers le village, loin du lac. Il passe à travers une
partie de celui-ci en allant vers la campagne et le long
d'un petit chemin qui mène aux premières ondulations
d'une oliveraie, où il pénètre dans un espace de paix,
vert et silencieux, et se prosterne dans la prière. Avec
ferveur, il prie, à genoux et en soupirant peut-être à
cause de certaines douleurs morales, et puis, comme si
fortifiée, Il se lève, se tient droit, son visage levé vers le
ciel, un visage fait plus spirituel par la lumière croissante
de l'aube claire d'été. Avec ses bras complètement
tendus, il ressemble à une grande croix angélique. Il
prie maintenant en souriant. Si doux dans son attitude
qu'il semble bénir l'ensemble du pays, le jour qui se lève.
Les étoiles commencent à disparaitre et le lac devient
maintenant plus visible avec la lumière naissante.

« Maître! Nous Vous avons cherché partout! Nous avons

vu la porte entrouverte, quand nous sommes revenus
avec le poisson, et nous avons pensé que Vous étiez
sorti. Nous n'arrivions pas à vous trouver. Puis, enfin,
un paysan, qui chargeait ses paniers pour les emmener
en ville, nous a dit. Nous appelions: «Jésus, Jésus!», Et il
a dit: «Cherchez vous le rabbin qui parle à la foule? Il a
remonté ce chemin, jusqu'à la montagne. Il doit être dans
l'oliveraie de Micah, parce qu'il va souvent là-bas. Je l'ai
vu auparavant. «Il avait raison. Pourquoi êtes-vous venu
si tôt, Maître? Pourquoi ne Vous-êtes-vous pas reposé?
Le lit n'était pas confortable?... »
« Non, Pierre. Le lit était confortable et la chambre était
très agréable, mais je vais souvent comme cela. Pour
élever mon esprit et être uni au Père. La prière est une
force pour soi et pour les autres. Nous réalisons tout en
priant. Si nous ne recevons pas une grâce, que le Père ne
donne pas toujours, nous ne devons pas penser qu'elle
est due à un manque d'amour, au contraire, nous devons
croire que c'est la volonté d'un Ordre qui régit le destin
de chaque homme pour une bonne prière de but nous
donne certainement la paix et le contentement, pour
nous permettre de supporter tant de choses frustrantes,
sans passer au large du saint chemin. Il est facile,
vous le savez, Pierre, d'avoir un esprit obscurci et un
cœur agité en raison de Quel intérêt autour de nous! Et
comment un esprit assombri ou un cœur agité peuvent
percevoir Dieu? »
« C'est vrai. Mais nous ne savons pas comment prier!
Nous ne sommes pas capables de dire les belles paroles
que vous dites. »
« Dites les mots que vous connaissez, que mieux que
vous pouvez. Ce n'est pas les mots, mais les sentiments
dont ils proviennent qui rendent les prières agréables
pour Votre Père. »
« Nous aimerions prier comme Vous le faîtes. »
« Je vous apprendrai aussi à prier. Je vous enseignerai
la plus sainte prière. Mais pour l'empêcher d'être
seulement une formule vide sur vos lèvres, Je veux que

vos cœurs possèdent au moins un minimum de sainteté,
de la lumière et de la sagesse ... C'est pourquoi Je vous
instruis. Plus tard, je vais vous enseigner la sainte prière.
Pourquoi Me cherchiez-vous, y a-t-il quelque chose que
vous espérez de Moi? »
« Non, Maître. Mais nombreux sont ceux qui attendent
beaucoup de vous. Il y avait déjà des gens venant de
Capharnaüm ; des pauvres, des malades, des personnes
déprimées, des personnes de bonne volonté et qui
désirent recevoir vos enseignements. Quand ils se sont
enquis de Vous, nous avons dit: «Le Maître est fatigué et
dort. Allez et revenez au sabbat prochain «.»
« Non, Simon. Vous ne devez pas dire cela. Il n'y a pas
une seule journée pour la miséricorde. Je suis l'Amour, la
Lumière et la Santé tous les jours de la semaine. »
« Mais... jusqu'à présent Vous n'avez parlé que durant le
sabbat. »
« Parce que j'étais encore inconnu. En devenant connu,
chaque jour il y aura des effusions de Grâce et de grâces.
Je vous dis solennellement que le temps viendra où
même le moment du temps qui est accordé à un moineau
se reposer sur une branche et manger des petits grains
ne sera pas accordé pour le Fils de l'homme pour son
repos et repas. »
« Mais Vous Vous rendrez malade! Nous n'accepterons
pas cela. Votre gentillesse ne doit pas vous rendre
malheureux. »
« Et pensez-vous que cela pourrait Me rendre
malheureux? Oh! Si tout le monde venait à Moi pour
m'écouter, pour pleurer ses péchés et sa douleur dans
Mon cœur, pour faire guérir son corps et son âme, et que
J'étais fatigué de parler, et de pardonner et de déverser
Mon pouvoir, Je serais tellement heureux, Pierre que Je
n'aurais regretterait pas même le ciel, où j'étais en Mon
Père! D'où venaient ceux qui souhaitaient parvenir à
moi?»
« De Korazim, Bethsaïde, Capharnaüm, et il y en avait
même de Tibériade et Gherghesa, ainsi que des centaines

de villages autour de ces villes. »
« Allez leur dire que je serai à Korazim, Bethsaïde et villages voisins. »
« Pourquoi pas à Capharnaüm? »
« Parce que je suis venu pour tout le monde et tout le monde doit pouvoir m'avoir, et puis ... il y a le vieil Isaac qui M'attend. Nous ne devons pas décevoir ses attentes. »
« Nous attendrez-Vous ici, alors? »
« Non, J'irai et vous resterez à Capharnaüm pour envoyer les foules à moi ; Je reviendrai plus tard. »
« Nous serons seuls ici... »Pierre est triste.
« Ne soyez pas triste. L'obéissance devrait vous rendre heureux, de même que la conviction d'être un disciple utile, et cela s'applique aussi aux autres. »
Pierre, André, Jacques et Jean se réjouissent. Jésus les bénit, puis ils se séparent.

La Pêche Miraculeuse

« Quand tous les arbres fleurissent au printemps,
l'agriculteur, heureux, dit : «Je vais avoir une bonne
récolte» et cet espoir fait réjouit son cœur.... ' dit
Jésus, parlant à la foule. '... Mais entre le printemps et
l'automne, à partir du mois des fleurs jusqu'au mois des
fruits, combien de jours, de vents, de pluies, de soleil et
de tempêtes doivent passer, et parfois même de guerres
ou de cruauté des puissants et de maladies des plantes
ou des hommes des champs, qui font que les plantes, qui
ne sont plus sarclées, plus arrosées, taillées, soutenues
ou nettoyées, mais qui ont promis des fruits copieux,
flétrissent et meurent ou ne portent aucun fruit!
Vous me suivez. Vous M'aimez. Comme les plantes au
printemps, vous vous parez avec le but et l'amour. Israël,
en effet, à l'aube de ma mission est comme notre douce
campagne au mois de Nisan lumineux. Mais écouter.
Comme la chaleur excessive par temps sec, Satan, qui
est jaloux de Moi, viendra à vous brûler de sa colère. Le
monde viendra avec ses vents glacés geler vos fleurs. Les
passions viendront comme des tempêtes. L'ennui viendra
comme une pluie persistante. Tous Mes ennemis et les
vôtres viendront à stériliser ce qui devrait être le fruit de
votre tendance naturelle à fleurir en Dieu.
Je vous préviens, parce que Je sais. Tout sera-t-il alors
perdu, lorsque comme un fermier malade, encore plus
que malade: mort, Je ne serai plus en mesure de vous

parler et de faire des miracles pour vous? Non. Je vais semer et cultiver aussi longtemps que Je le peux et alors, tout va grandir et mûrir pour vous, si vous surveillez bien.

Regardez le figuier près de la maison de Simon de Jonas. Celui qui l'a planté n'a pas trouvé un endroit favorable qui aurait pu être mieux. Planté comme il était près de la paroi humide du nord, il aurait flétri, s'il n'avait pas lui-même trouvé un moyen de protection pour survivre. Il a cherché le soleil et la lumière. Le voilà: tout plié, mais fort et fier, absorbant les rayons du soleil de l'aube et de les convertissant en nourriture pour ses plusieurs centaines de fruits sucrés. Il se défend par lui-même. Il a dit : « Le Créateur voulait que je puisse donner de la joie et de la nourriture à l'homme. Et je tiens à joindre ma volonté à la sienne. »Un figuier! Un arbre sans voix! Un arbre sans âme! Et vous, enfants de Dieu, les fils de l'homme, serez-vous inférieurs à une plante de bois?
Assurez-vous de porter des fruits de vie éternelle. Je Vous cultiverai, et à la fin Je Vous donnerai un jus si efficace, que vous n'en trouverez jamais un plus puissant. Ne laissez pas Satan de rire de la destruction de Mon travail, de Mon sacrifice et de vos âmes. Recherchez la lumière. Recherchez le soleil. Recherchez la force. Recherchez la vie. Je suis la Vie, la Force, le Soleil et la Lumière de ceux qui m'aiment. Je suis venu pour vous emmener où Je suis. Je m'adresse à vous ici, Je vous appelle tous et vous signale les dix commandements qui donnent la vie éternelle. Comme conseil empli d'affection, je vous dis: « Aimez Dieu et votre voisin. » C'est la première condition à remplir tout autre bien. C'est le plus saint des saints commandements. L'Amour. Ceux qui aiment Dieu, en Dieu et pour le Seigneur Dieu, auront la paix sur la terre ainsi que dans le ciel, pour leur demeure et leur couronne.
Les gens s'en vont avec difficulté après la bénédiction de Jésus. Il n'y a ni malades ni pauvres.

Jésus dit à Simon : « Appelez les deux autres. Allons sur le lac et jetons le filet. » « Maître, mes bras sont si fatigués qu'ils me font mal : toute la nuit je chasse et transportés sur le net, et tout cela en vain. Les poissons sont au bas. Je me demande où. » « Faîtes ce que Je vous dis de faire, Pierre. "Écoutez toujours ce qui vous aiment. » « Je ferai ce que Vous me dîtes de faire, par respect pour Votre parole. » Et il crie aux assistants et aussi à Jacques et à Jean : « Allons pêcher. Le Maître veut qu'on y aille. »Comme ils s'en vont, il dit à Jésus : « Par contre, Maître, Je Vous assure que ce n'est pas le bon moment. Qui sait ou le poisson est présentement!... » Jésus, assis à la proue, sourit et se tait.

Ils forment un demi-cercle sur le lac, puis jettent le filet. Après l'attente de quelques minutes, le bateau est secoué de manière étrange, puisque le lac est lisse comme une vitre sous le soleil de midi. « Mais c'est du poisson, Maître! » dit Pierre, les yeux grand ouverts. Jésus sourit et demeure silencieux. « Oh hisse! Oh hisse! » ordonne Pierre à ses assistants. Mais le bateau penche vers un côté, celui du filet : « Hé! Jacques! Jean! Vite! Venez vite! Avec les rames! Vite! » Ils se précipitent et les efforts conjoints des deux équipes réussissent à emprisonner la prise dans le filet sans l'endommager. Les deux bateaux se rapprochent jusqu'à ce qu'ils soient unis et un, deux, ... cinq, dix paniers ... pleins de merveilleux poissons, et il y en a encore tant qui se tortillent dans le filet: de l'argent et du bronze vivants, essayant d'échapper à la mort.

Il n'y a qu'une chose à faire: vider le filet dans le fond des bateaux. Ils le font et les fonds deviennent un tourbillon de vies agonisantes. Les membres de l'équipage en ont jusqu'à leurs chevilles en telle abondance que le bateau coule en dessous de la ligne de flottaison en raison du poids excessif.

« Vers la rive! Tournez! Vite! Les voiles! Surveillez la ligne
de profondeur! Ayez les pôles prêts pour éviter le choc.
Nous avons trop de poids! »
Tant que la manœuvre dure, Pierre pense à rien d'autre.
Mais quand il arrive à terre, il commence à réaliser. Il
comprend. Il a peur. « Maître! Mon Seigneur! Allez loin de
moi! Je suis un pécheur! Je ne suis pas digne d'être près
de chez vous!»Il est à genoux sur le rivage humide.
Jésus le regarde and sourit : « Levez-vous! Suivez-Moi! Je
ne vous quitterai plus! À partir de maintenant, vous serez
un pêcheur et vos compagnons seront avec vous. N'Ayez
peur de rien. Je vous appelle. Venez! »
« Tout de suite, Seigneur. Vous vous occuperez des
bateaux. Emmenez tout à Zébédée, et à mon beau-frère.
Allons-y. Nous sommes tous pour Vous, Jésus! Béni soit
le Père éternel pour ce choix. »

L'iscariote Trouve Jésus À Gethsémani Et Est Accepté Comme Disciple

C'est le soir, tournant sombre et la lumière du jour se développe plus en plus faible dans l'oliveraie épaisse où, Jésus, seul, est assis sur une des petites terrasses au sol, dans sa posture familière; Les coudes sur les genoux, les avant-bras vers l'avant et les mains jointes. Il a enlevé son manteau comme s'il avait chaud, et sa tunique blanche détonne sur le vert de l'environnement rendu encore plus sombre par le crépuscule.

Un homme s'approche entre les oliviers et semble être à la recherche de quelque chose ou de quelqu'un. Il est grand, et ses vêtements sont colorés: d'une teinte rose jaune qui rend sa grande cape flamboyant, orné de franges battantes. Son visage est quelque peu obscurci par la pénombre et la distance, et aussi parce que le bord de sa cape tombe sur une partie de son visage. Quand il voit Jésus, il fait un geste comme pour dire : « Le voilà! » Et il accélère le pas. Quand il est à quelques mètres, il Le salue: »Bonjour, Maître! »

Jésus se retourne brusquement et regarde, parce que l'homme est debout sur la terrasse suivante, qui est plus haut. Jésus le regarde, son expression grave et triste aussi. L'homme dit de nouveau : « Je Vous salue, Maître. Je suis Judas de Kériot. Vous ne me reconnaissez pas?

Vous ne Vous rappelez pas? »

« Je me souviens et je vous reconnais. Vous M'avez parlé ici avec Thomas, à la dernière Pâque. »

« Et Vous m'avez dit : « Pensez-y et faites-votre choix avant que je revienne. » J'ai fait mon choix. Je viendrai. »

« Pourquoi venez-vous, Judas? »Jésus est très triste.

« Parce que... Je vous ai dit pourquoi la dernière fois. Je rêve du Royaume d'Israël et je Vous vois comme en étant le Roi. »

« Est-ce ce pourquoi vous venez? »

« Oui. Je mettrai toute mes possessions ainsi que moi-même : mes capacités, mes connaissances, mes amis, et la fatigue à votre service et au service de votre mission de reconstruire Israël. »

Face à face tous les deux, près l'un de l'autre, ils se regardent ; Jésus est grave et mélancolique. Judas, exalté par son rêve, est souriant, beau, jeune, vif et ambitieux.

« Je ne vous ai pas cherché, Judas. »

« Je sais, mais je Vous ai cherché. J'ai assigné des gens aux portes, des jours Durant pour qu'ils m'avertissent de Votre arrivée. Je pensais que Vous viendriez avec des adeptes que Vous seriez donc facile à repérer. Puis, j'ai compris que vous étiez déjà venu ici parce qu'un groupe de f pèlerins Vous bénissait pour avoir soigné un home malade. Personne ne pouvait me dire où vous étiez, mais je me suis rappelé de cet endroit et je suis venu. Si je ne Vous avais pas trouvé ici, je me serais résigné à ne vous trouver nulle part... »

« Pensez-vous que de m'avoir trouvé est une bonne chose pour vous ? »

« Oui, parce que je Vous cherchais. Je désirais ardemment être avec vous. »

« Pourquoi? Pourquoi m'avez-Vous cherché? »

« Je vous l'ai dit, Maître! N'avez-Vous pas compris? »

« Je vous comprenais. Oui, c'est vrai. Mais je veux que vous Me compreniez aussi avant de Me suivre. Viens. Nous allons discuter.»Ils commencent à marcher, l'un à côté de l'autre, à travers les chemins qui s'entrecroisent dans l'oliveraie.»Vous voulez Me suivre pour une raison humaine, Judas. Je vous le déconseille. Je ne suis pas venu pour cela. »

« Mais n'êtes-Vous pas le Roi désigné des Juifs? Celui duquel Les Prophètes ont parlé? D'autres sont venus, mais ils n'avaient pas ce qu'il fallait et ils sont tombés comme des feuilles que le vent cesse de porter. Dieu est avec Vous et Vous faîtes des miracles. Le succès de la mission est assure lorsque Dieu est présent. »

« Vous avez dit vrai. J'ai Dieu avec Moi. Je suis Sa Parole. J'ai été prophétisé par les prophètes, promis aux Patriarches, attendu par le peuple. Mais Pourquoi, Israël, êtes-vous devenu si aveugle et si sourd que vous n'êtes plus en mesure de lire et de voir, d'entendre et de comprendre la réalité des événements? Mon royaume n'est pas de ce monde, Judas. Permettez-vous d'être convaincu de cela. Je suis venu en Israël pour apporter la Lumière et la Gloire. Mais pas la lumière et la gloire de la terre. Je suis venu appeler les justes d'Israël au Royaume. Parce qu'il est d'Israël que l'usine de la vie éternelle est à venir, et avec Israël, il doit être formé, l'usine, dont la sève sera le Sang du Seigneur, la plante

qui se propage sur toute la terre, jusqu'à ce que la fin
du temps. Mes premiers disciples seront d'Israël. Mes
premiers confesseurs seront d'Israël. Mes persécuteurs
seront aussi d'Israël. Mes bourreaux seront aussi
d'Israël. Mon traître sera d'Israël ...»

« Non, Maître. Cela n'arrivera jamais. Si tout le monde
Vous trahissait, je resterais avec Vous et je Vous
défendrais. »

« Toi, Judas? Qu'est-ce qui vous en donne la certitude? »

« Sur ma parole d'homme. »

« Lequel est le plus fragile qu'une toile d'araignée, Judas.
Il est Dieu, nous devons demander la force à être honnête
et fidèle. Man! ... Homme accomplit des actes humains.
Pour accomplir les actes spirituels - et à suivre le Messie
avec sincérité et de justice est d'accomplir un acte
spirituel - il est nécessaire de tuer homme et lui faire
naître de nouveau. Êtes-vous capable de bien? »

« Oui, Maître. Dans tous les cas,... Ce n'est pas tout le
monde en Israël qui Vous aimera, mais Israël de donnera
pas au Messie des bourreaux et des traîtres. Israël vous
attend depuis des siècles! »

« Je leur serai donné. Rappelez-vous les prophètes ...
Leurs paroles ... et leur fin. Je suis destiné à en décevoir
beaucoup. Et vous êtes l'un d'entre eux. Judas, vous avez
ici en face de vous un pauvre homme pacifique doux,
qui souhaite rester pauvre. Je ne suis pas venu pour
m'imposer et faire la guerre. Je ne vais pas composer
avec ceux qui sont forts et puissants pour aucun
royaume ou pouvoir. J'affronte seulement Satan pour
les âmes et je suis venu pour briser les chaînes de Satan,
avec le feu de mon amour. Je suis venu pour enseigner la
miséricorde, le sacrifice, l'humilité, la continence. Je vous

le dis et à tous: « N'enviez pas la richesse humaine, mais travaillez plutôt pour des pièces éternelles. » Vous vous trompez si vous pensez que je vais triompher sur Rome et les classes dirigeantes. Hérode et Césars peuvent dormir tranquillement, pendant que je parle à la foule. Je ne suis pas venu pour arracher le sceptre de quelqu'un ... et mon sceptre éternelle est déjà prêt, mais personne, à moins que l'un était l'amour que je suis, voudrais tenir. Allez, Judas, et réfléchissez ... »

« Me rejetez-Vous, Maître? »

« Je ne rejette personne, parce que celui qui rejette n'aime pas. Dîtes-moi, Judas : comment décririez-vous les agissements d'un home qui, sachant qu'il est infecté par une maladie contagieuse, dit à un autre home qui l'approche sans être au courant de son état et qui est sur le point de boire dans sa calice : « Attention à ce que vous faîtes! »? Qualifieriez-vous cela de haine ou d'amour? »

« Je dirais que c'était de l'amour, parce qu'il ne veut pas que l'homme, inconscient du danger, ruine sa santé. »

« Bien, dîtes-vous que j'agis un peu comme cet homme. »

« Puis-je ruiner ma santé en venant avec Vous? Non, jamais. »

« Pensez-y bien, Judas, vous pouvez ruiner bien plus que votre santé, puisque on imputera peu à un meurtrier qui croit qu'il fait justice, et le croit parce qu'il ne connait pas la vérité; mais une grande on imputera beaucoup plus à celui qui, connaissant la vérité, non seulement ne la suit pas, mais en devient son ennemi.. »

« Je ne ferai pas cela. Prenez-moi, Maître. Vous ne pouvez pas me refuser. Si Vous êtes le Sauveur et Que vous voyez que je suis un pêcheur, un mouton égaré, un homme aveugle hors du droit chemin, pourquoi refusez-Vous de me sauver? Prenez-moi. Je Vous suivrez, même vers la mort... »

« Jusqu'à la mort! C'est vrai, alors... »

« Alors, Maître? »

« L'avenir est au sein de Dieu. Allez. Nous nous réunirons demain à la porte des poissons. »

« Merci, Maître. Que le Seigneur soit avec Vous. »

« Que sa miséricorde vous sauve. »

Jésus Rencontre Simon Le Zélote Et Jean Avec Judas L'iscariote

« Êtes-vous sûr qu'il viendra? »demande Judas Iscariote comme il se promène avec Jésus près d'une des portes dans l'enceinte du Temple.

« J'en suis certain. Il quittait Béthanie à l'aube et à Gethsémani il devait rencontrer mon premier disciple ... »

Il y a une pause. Puis, Jésus s'arrête devant Judas et le regarde et l'étudie de près. Il pose alors une main sur l'épaule de Judas et demande : « Pourquoi ne partagez-vous pas vos pensées avec moi, Judas? »

« Quelles pensées? Il n'y a rien de spécial qui occupe mon esprit présentement, Maître. Même que je Vous pose trop de questions. Vous ne pouvez certainement pas Vous plaindre de mon mutisme. »

« Vous Me posez beaucoup de questions et vous me donnez beaucoup de détails sur la ville et ses habitants. Mais vous ne vous confiez pas à Moi. Pensez-vous qu'il est important pour moi que vous me parliez de la richesse des gens et des membres de telle ou telle famille. Je ne suis pas un fainéant qui est venu ici pour passer le temps. Vous savez pourquoi je suis venu. D'ailleurs, vous devez réaliser que je suis préoccupé par le fait d'être le Maître de Mes disciples. C'est la chose la plus importante. Je veux donc de la sincérité et de la confiance de leur part. Votre père vous aimait, Judas?»

« Il m'aimait beaucoup et il était fier de moi. Que je revenais à la maison après l'école, et même plus tard, à Kériot, quand je suis revenu de Jérusalem, il voulait que je lui dise tout. Il s'intéressait à tout ce que je faisais et il se réjouissait quand les choses allaient bien, il me réconfortait quand les choses allaient moins bien. Vous savez, si...parfois, nous faisons tous des erreurs ... si j'en avais fait une, et que j'avais été accuse pour celle-ci, il me montrait que le reproche que j'avais reçu était juste ou que mon action était injuste. Il le faisait si délicatement... qu'il me paressait comme un grand frère. Il finissait toujours en disant : « Je dis cela parce que je veux mon Judas soit juste. Je veux être béni grâce à mon fils. » Mon père... »

Jésus qui a attentivement observé à quel point Judas était affecté au rappel des souvenirs de son père, dit : « Maintenant, Judas, soyez sûr de ce que je vais vous dire. Rien ne rendra votre père plus heureux, que de vous savoir un disciple fidèle. Votre père, qui vous a élevé, comme vous l'avez dit, doit avoir été un homme juste et son âme se réjouira, où il attend la lumière, voyant que vous êtes Mon disciple. Pour le devenir, vous devez vous dire : «J›ai trouvé mon père perdu, le père qui était comme un frère pour moi, je l›ai trouvé dans mon Jésus, et je vais lui dire tout, comme je le faisais de dire à mon père bien-aimé, sur la mort duquel je suis encore en deuil, que je puisse recevoir de lui des conseils, bénédictions ou une sorte de reproche. » Que Dieu l'accorde, et par-dessus tout, comportez-vous de sorte que Jésus vous dise toujours: « Vous êtes bon. Je vous bénis. » »

« Oh! Oui, Jésus! Si vous M'aimez tant, je m'efforcerai

d'être bon, comme Vous le voulez et comme mon père désirait que je le sois. Enfin, ma mère n'aura plus cette douleur lancinante dans son cœur. Avant, elle disait : « Mon fils, tu n'as plus de guide maintenant, mais tu en as encore tant besoin. » Alors qu'elle savait que je Vous avais! »

« Je vous aimerai comme aucun autre homme ne pourra vous aimer, Je vous aimerai tant et Je vous aime. Ne Me décevez pas. »

« Non, Maître, Je n'en ferai rien. J'étais plein de conflits. L'envie, la jalousie, le désir de triompher, la sensualité, tout cela s'affrontait en moi, contre la voix de ma conscience. Même jusqu'à tout récemment, voyez-Vous? Vous m'avez causé de la souffrance. Non : non, ce n'était pas vous. C'était mon mauvais caractère ... J'ai pensé que j'étais Votre premier disciple ... et, maintenant, Vous me venez de dire que Vous en avez déjà un. »

« Vous l'avez vu vous-même. Ne vous-rappelez-vous pas que Durant la Pâque j'étais au Temple avec plusieurs Galiléens? »

« Je pensais qu'ils étaient des amis... Je pensais que j'étais le premier à être choisi était donc le plus cher. »

« Il n'y a pas de distinctions dans Mon Cœur entre le premier et le dernier. Si le premier commettait une erreur et que le dernier était un saint homme, alors il y aurait une distinction aux yeux de Dieu Mais je vais aimer tout de même: je vais aimer la vie saint homme avec un amour heureux, et le pécheur avec un amour de la souffrance. Mais ici est Jean vient avec Simon. Jean, mon premier disciple, Simon, celui dont je vous ai parlé il y a deux jours. Vous avez déjà vu Simon et Jean. L'un était malade ... »

« Ah! Le lépreux! Je m'en souviens. Est-il déjà votre disciple? »

« Depuis le jour suivant. »

« Et pourquoi ai-je dû attendre si longtemps? »

« Judas?! »

« Vous avez raison. Pardonnez-moi. »

Jean voit le Maître, le fait remarquer à Simon et ils ont hâte.

Jean et le Maître s'embrassent. Au lieu de cela, Simon se jette aux pieds de Jésus et les embrasse, s'exclamant:»Gloire à mon Sauveur! Bénissez votre servant, que ses actes soient sacrés aux yeux de Dieu et que je puisse Le glorifier et Le bénir pour Vous avoir emmené à moi. »

Jésus pose sa main sur la tête de Simon : « Oui, Je vous bénis et vous remercie pour votre travail. Levez-vous, Simon. Voici Jean, et voici Simon: voilà Mon dernier disciple. Il désire lui aussi suivre la Vérité. Il est donc un frère pour vous tous. »

Ils se saluent : les deux Judéens d'un air interrogateur et Jean, chaleureusement.

« Êtes-vous fatigué, Simon? »demande Jésus.

« Non, Maître. Avec ma santé, j'ai retrouvé une vitalité que je n'ai jamais connue jusqu'à présent. »

« D'ailleurs, je sais que vous en faites bon usage. J'ai parlé à bien des gens et ils M'ont tous affirmé que vous les aviez déjà instruits sur le Messie. »

Simon sourit gaiement. « J'ai aussi parlé de Vous à

un honnête Israélite hier soir. J'espère que Vous le
rencontrerez un jour. J'aimerais Vous emmener à lui. »

« C'est bien possible. »

Judas se joint à la conversation:« Maître, Vous avez
promis de venir avec moi, en Judée. »

« Et je le ferai. Simon continuera de renseigner Les Gens
Sur ma venue. Le temps passe vite, Mes chers amis,
et les gens sont si nombreux. Maintenant, Je vais aller
avec Simon. Vous deux, venez Me rencontrer ce soir sur
la route vers le mont des Oliviers et nous donnerons de
l'argent aux pauvres. Allez maintenant.»

Lorsque Jésus se retrouve seul avec Simon, Il lui
demande : « Cette personne à Béthanie est-elle une
véritable Israélite? »

« Il est un véritable Israélite. Ses idées sont celles qui
prévalent, mais il est vraiment nostalgique du Messie. Et
lorsque je lui ai dit : « Il est maintenant parmi nous » il
a tout de suite répondu : « Je suis béni, parce qu'en ce
moment, je suis en vie. » »

« Nous irons à lui un jour et rependrons notre
bénédiction dans sa maison. Avez-vous vu le nouveau
disciple? »

« Oui, Je l'ai vu. Il est jeune et semble intelligent. »

« Oui, il l'est. Puisque vous êtes un Judéen, Vous le
supporterez plus que les autres le feront, à cause de ses
idées. »

« Est-ce un désir, ou un ordre? »

« Un ordre empreint de politesse. Vous avez souffert et
vous pouvez être plus indulgent. Le chagrin enseigne

beaucoup de choses. »

« Si vous me donnez un ordre, je serai très indulgent avec lui »

« Oui. Être. Peut-être Pierre, et il peut ne pas être le seul, sera quelque peu bouleversé de voir comment je m'occupe et m'inquiète ce disciple. Mais un jour, ils vont comprendre ... Plus on est déformé, plus grande est l'aide dont on a besoin. »

Les autres... oh! Les autres se forment correctement entre eux-mêmes, par simple contact. Je ne veux pas tout faire moi-même. Je veux la volonté de l'homme et l'aide d'autres personnes pour former un homme. Je Vous demande de m'aider... et Je suis reconnaissant de votre aide. »

« Maître, pensez-Vous qu'il Vous décevra? »

« Non, mais il est jeune et a été élevé à Jérusalem. »

« Oh! Auprès de Vous il amendera tous les vices de cette ville... J'en suis sûr. J'étais déjà vieux et endurci par une haine amère, et pourtant j'ai complètement changé depuis que je Vous ai aperçu... »

Jésus murmure : « Qu'il en soit ainsi! »Puis, haussant la voix:« Allons au Temple. Je vais évangéliser les gens. »

FIN

Là où il y a des épines, Il y aura aussi des Roses

Extraits des Sequel

Pour L'Amour Qui Persevere

Il est temps de dire au revoir et Jésus et ses disciples
sont debout à la porte d'une pauvre cabane, avec Jonas
et d'autres paysans pauvres, éclairée par une lumière si
faible, il semble clignoter.

« Ne vais-je pas Vous revoir, mon Seigneur? » demande
Jonas. « Vous avez apporté la lumière à nos cœurs. Votre
gentillesse est devenue de nos jours dans une fête qui
durera toute notre vie. Mais Vous avez vu comment nous
sommes traités. Une mule est mieux prise en charge
que nous. Et les arbres bénéficient d'une attention plus
humaine; elles sont de l'argent. Nous ne sommes que des
meules qui gagnent de l'argent et nous sommes habitués
jusqu'à ce que nous mourions de travail excessif. Mais
Vos paroles sont autant de caresses affectueuses. Notre
pain semblait plus abondant et plus goûteux car Vous
le partagiez avec nous; ce pain dont il ne donne même
pas à ses chiens. Revenez à partager avec nous, mon
Seigneur. Seulement parce que c'est vous, j'ose le dire. Ce
serait une insulte à offrir n'importe qui d'autre abri et de
nourriture qui, même un mendiant dédaigner. Mais Vous
... »

« Mais je trouve en eux un parfum et une saveur céleste
parce que chez eux il y a la foi et de l'amour. Je viendrai,
Jonas. Je reviendrai. Vous restez à votre place, à égalité
comme un animal aux arbres. Peut-être votre place
l'échelle de Jacob. Et en fait, anges vont et viennent du

ciel descendu vers vous, la collecte attentivement tous
vos mérites et les prendre à Dieu. Mais je viendrai à vous.
Pour soulager votre esprit. Soyez fidèle à Moi, vous tous.
Oh! Je voudrais vous donner la paix humaine aussi.
Mais Je ne peux pas. Je dois vous dire : allez dans la
souffrance. Et c'est très triste pour celui qui aime ... »

« Seigneur, si Vous nous aimez, nous ne plus souffrir.
Avant nous n'avions personne pour nous aimer ... Oh! Si
je pouvais, au moins, voir votre mère! »

«Ne vous inquiétez pas. Je vais l'amener à vous. Lorsque
le temps est plus doux, je vais venir avec elle. Ne risquez
pas encourir des peines cruelles à cause de votre
anxiété pour la voir. Vous devez attendre que Son que
vous attendez pour l'apparition d'une étoile, l'étoile du
soir. Elle vous apparaîtra tout d'un coup, exactement
comme l'étoile du soir, qui n'est pas là un moment,
et un moment plus tard, il brille dans le ciel. Et vous
devez considérer que, même maintenant, elle prodigue
ses dons d'amour sur vous. Au revoir, tout le monde.
Que ma paix vous protéger contre la dureté de celui qui
vous tourmente. Au revoir, Jonas. Ne pleure pas. Vous
avez attendu pendant de nombreuses années avec la
foi patiente. Je vous souhaite une très courte attente
promets maintenant. Ne pleurez pas; Je ne vais pas vous
laisser seul. Votre gentillesse essuyé mes larmes quand
j'étais un bébé nouveau-né. Les Miens ne suffit pas à
effacer le vôtre? »

« Oui ... mais vous allez loin ... et je dois rester ici ...»

» Jonas, mon ami, ne me fais pas aller loin déprimée
parce que je ne peux pas vous consoler ... »

« Je ne pleure pas, mon Seigneur ... Mais comment vais-
je être capable de vivre sans te voir, maintenant que je
sais que vous êtes en vie? Jésus caresse le vieil homme

désespéré encore une fois et puis s'en va. Mais debout
sur le bord de l'aire de battage misérable, Jésus s'étend
Ses bras et bénit le pays. Puis il s'en va.

« Qu'avez-vous fait, Maître?» Demande Simon qui a
remarqué le geste inhabituel.

« J'ai mis un sceau sur tout. Qu'aucun démon ne peut
endommager les choses et ainsi causer des ennuis à ces
pauvres gens. Je ne pouvais rien faire de plus ...»

« Maître, marchons un peu plus vite. Je voudrais vous
dire quelque chose que je ne veux pas que les autres
entendent. «

Ils s'éloignent du groupe et Simon commence à parler :

« Je voulais vous dire que Lazare a reçu des instructions
pour utiliser mon argent pour aider tous ceux qui
s'appliquent à lui au nom de Jésus. Ne pourrait-on
libérer Jonas? Cet homme est usé et sa seule joie est
d'être avec vous. Laissez-nous lui donner cela. Quel est
son travail vaut la peine ici? Si au contraire, il était libre,
il serait votre disciple dans cette belle plaine désolée
encore. Les personnes les plus riches en Israël possèdent
des terrains fertiles ici et ils les exploitent d'extorsion
cruelle, exigeant un bénéfice centuple de leurs
travailleurs. J'ai connu cela depuis des années. Vous
ne serez pas en mesure d'arrêter ici longtemps, car la
secte des Pharisiens règne sur le pays et je ne pense pas
que ce ne sera jamais facile pour vous. Ces travailleurs
opprimés et désespérés sont les plus malheureux en
Israël. Votre entendu vous-même, pas même à la Pâque
ont-ils la paix, elles ne peuvent pas prier, tandis que
leurs maîtres sévères, avec des gestes solennels et
expositions concernées, prendre des positions de premier
plan en face de tous les peuples. Au moins, ils auront la
joie de savoir que vous existez et d'écouter vos paroles

répétées à leur disposition par celui qui ne modifie pas une seule lettre. Si vous acceptez Maître, s'il vous plaît dites-le, et Lazare fera ce qui est nécessaire. »

« Simon, j'ai savait pourquoi vous avez donné tous vos biens loin. Les pensées des hommes sont connues de moi. Et je vous aimais aussi en raison de cela. En rendant Jonas heureux, vous faites de Jésus heureux. Oh! Comment cela me tourmente de voir de bonnes personnes souffrent! Ma position d'un pauvre homme méprisé par le monde m'afflige seulement à cause de cela. Si Judas Me entendu, il dirait : « Mais n'êtes-vous pas la Parole de Dieu? Donnez l'ordre et ces pierres deviendront or et du pain pour les pauvres. « Il aurait répété le piège de Satan. Je suis impatient de satisfaire la faim de personnes. Mais pas de la manière dont Judas le souhaite. Vous n'êtes pas encore arrivé à maturité suffisante pour saisir la profondeur de ce que je veux dire. Mais je vais vous dire : si Dieu vit tout ce qu'il volerait ses amis. Il serait les priver de la chance d'être miséricordieux et de remplir le commandement de l'amour. Mes amis doivent posséder cette marque de Dieu en commun avec lui: la sainte miséricorde constituée par des actes et des mots. Et le malheur des autres donne Mes amis l'occasion de pratiquer. Avez-vous compris ce que je veux dire? »

« Votre pensée est profonde. Je vais réfléchir à vos paroles. Et je m'humilie en je vois combien terne d'esprit je suis et combien Dieu est grand Qui veut que nous soyons doués avec tous ses attributs plupart douces, afin qu'il puisse nous appeler Ses enfants. Dieu se révèle à moi dans ses multiples perfections par chaque rayon de lumière avec laquelle vous éclairer mon cœur. Jour après jour, comme un avancement dans un lieu inconnu, la connaissance de la chose immense qui est la perfection qui veut nous appeler ses « Enfants» progresse en moi et il me semble monter comme un aigle ou de plonger comme un poisson dans deux des profondeurs infinies comme le ciel et la mer, et je grimpe toujours plus haut et plonger plus profondément, mais je ne touche jamais la fin. Mais ce qui est, par conséquent, Dieu? »

« Dieu est la perfection inaccessible, Dieu est la parfaite beauté, Dieu est la puissance infinie, Dieu est l'essence incompréhensible, Dieu est le Bounty indépassable, Dieu est la miséricorde indestructible, Dieu est la Sagesse infinie, Dieu est l'Amour qui est devenu Dieu. Il est l'Amour! Il est l'Amour! Vous dites que plus vous savez que Dieu dans sa perfection, plus vous semblent monter et le plus profond pour plonger dans deux profondeurs infinies de bleu sans ombre ... Mais quand vous comprenez ce qui est l'Amour qui est devenu Dieu, vous ne serez plus monté ou plonger dans le bleu mais dans un tourbillon flamboyant et vous serez attiré vers une béatitude qui sera mort et la vie pour vous. Vous possédez Dieu, avec une possession parfaite, quand, par votre volonté, vous réussissez à comprendre et à lui mériter. Vous serez alors fixé dans sa perfection. »

« O Seigneur ... » exhale Simon, accablé. Ils marchent en silence jusqu'à ce qu'ils atteignent la route où Jésus s'arrête pour attendre les autres. Quand ils se regroupent à nouveau, Levi s'agenouille : « Je devrais partir, Maître. Mais Votre serviteur Vous demande une faveur. Emmenez-moi à Votre mère. Cet homme est un orphelin comme moi. Ne me refusez pas ce que Vous lui donnez, que je puisse voir le visage d'une mère ... »

« Venez. Ce qui est demandé au nom de Ma Mère, je l'accorde au nom de Ma Mère. » Le soleil flamboyant, bien que sur le point de se coucher, descend vers le dôme vert-gris d'oliviers épais, chargés de petits fruits bien formés, mais ne pénètre que l'enchevêtrement des

branches, juste assez pour fournir quelques œillets
minuscules de lumière, alors que, d'autre part, la route
principale, intégrée entre deux rives, est un ruban
ardent, éblouissant et poussiéreux. Seul et marchant vite
parmi les oliviers, Jésus sourit à lui-même ... Il sourit
encore plus joyeusement quand il atteint une falaise ...
Nazareth ... son panorama scintillement dans la chaleur
du soleil de plomb ... et Jésus commence à descendre
et accélère son étape. Maintenant, sur le silence, route
déserte, il a protégé sa tête de son manteau, et, plus
garde le soleil, la marche est si rapide que le manteau
souffle à ses côtés et derrière lui afin qu'il semble voler.
De temps en temps, la voix d'un enfant ou d'une femme
à l'intérieur d'une maison ou d'un potager atteint Jésus
où il se promène dans les endroits ombragés offerts par
les arbres du jardin dont les branches s'étendent dans la
route. Il se transforme en une demi-ombragée route où
il y a des femmes réunis autour d'un bien cool et ils ont
tous le saluer, l'accueillir en voix aiguës.

« Paix à vous tous ... Mais s'il vous plaît garder le silence.
Je veux donner à ma mère une surprise. »

«Sa belle-sœur vient de se finir avec une cruche d'eau
fraîche. Mais elle est de retour. Ils sont laissés sans eau.
Le printemps est sec ou l'eau est absorbée par la terre
desséchée avant d'atteindre votre jardin. Nous ne savons
pas. C'est ce que Marie d'Alphée disait. Là, elle est ... elle
est à venir. »

N'ayant pas vu Jésus encore, la mère de Judas et James,
avec une amphore sur la tête et une autre dans la main,
est criant; « Je serai plus rapide de cette façon. Marie est
très triste, parce que ses fleurs sont en train de mourir
de soif. Ils sont ceux plantés par Joseph et Jésus et il lui
brise le cœur de voir les flétrir. » Mais maintenant qu'elle
me voit ... » dit Jésus apparaissant derrière le groupe de

femmes.

« Oh! Mon Jésus! Heureux Vous êtes! Je vais dire ...»

« Non J'irai. Donnez-moi les amphores. »

La porte est à moitié fermée. Marie est dans le jardin. Oh! Quel bonheur Elle sera! Elle parlait de vous aussi ce matin. Mais pourquoi venir dans cette chaleur! Vous êtes tous la transpiration! Vous êtes seul? »

« Non Avec des amis. Mais je suis venu devant eux pour voir ma mère en premier. Et de Judas? »

« Il est à Capharnaüm. Il va souvent là » dit Mary. Et elle sourit comme elle sèche le visage mouillé de Jésus avec son voile. Les lanceurs maintenant prêts, Jésus prend deux, attacher un à chaque extrémité de sa ceinture qu'il jette sur son épaule, puis prend un troisième dans sa main. Puis il s'éloigne, tourne autour d'un coin, arrive à la maison, pousse la porte, entre dans la petite pièce qui semble sombre en comparaison avec l'éclat du soleil à l'extérieur. Lentement, il lève le rideau à la porte du jardin et il regarde. Marie est debout près d'un rosier avec Son retour à la maison, pitié la plante desséchée. Jésus pose la cruche sur le sol et le cuivre tinte contre une pierre.

« Êtes-vous déjà ici, Marie? » Dit sa mère sans se retourner. « Venez, venez, regardez cette rose! Et ces lys pauvres. Ils seront tous mourir si nous ne les aidons. Apportez aussi quelques petites cannes de tenir cette tige tomber. »

« Je ferai tout ce que Vous, Mère. » Marie vient ronde et pendant un moment, elle reste avec ses yeux grands ouverts, puis un cri Elle court avec les bras tendus vers son fils, qui a déjà ouvert ses bras et attend son avec le sourire le plus affectueux.

« Oh! Mon Fils! »

« Mère! Cher!» Leur étreinte est une longue et s'aimer et Marie est tellement heureuse qu'elle ne se sent pas comment Jésus est chaud. Mais alors, elle le remarque:

« Pourquoi, Fils, êtes-vous venu à ce moment de la journée? Vous êtes rouge pourpre et en sueur comme une éponge trempée. Venez à l'intérieur. Que je puisse sécher et rafraîchir Vous. Je mettrai Vous tunique frais et sandales propres. Mon Fils! Mon Fils! Pourquoi aller dans cette chaleur! Les plantes meurent à cause de la chaleur et vous, mes fleurs, vont sur. »

« Il devait venir à vous dès que possible, Mère. »

« Oh! Cher! Avez-vous soif? Vous devez être. Je vais maintenant préparer ... »

« Oui, je suis assoiffé de Tes baisers, Mère. Et pour vos caresses. Permettez-moi de rester comme ça, avec ma tête sur votre épaule, comme quand j'étais un petit garçon ... Oh! Mère! Comme Vous me manquez! »

« Dites-Moi de venir, le Fils, et je le ferai. Qu'est-ce que vous manque en raison de mon absence? La nourriture Vous aimez? Des vêtements propres? Un lit bien fait? Oh! Ma Joie, dites-Moi ce que vous avez manqué. Votre serviteur, mon Seigneur, s'efforcera de fournir. »

« Rien, mais vous ... » Main dans la main, Mère et Fils vont dans la maison. Jésus est assis sur la poitrine, près du mur, embrasse Marie qui est en face de Lui, posant sa tête sur son cœur et ses baisers ici et là. Maintenant, Il la dévisage : « Laissez-Moi Vous regarder à la teneur de mon cœur, sainte Mère de la mine».

« Votre tunique d'abord. Il n'est pas bon pour vous de
rester si humide. Venez. » Jésus obéit. Quand il revient
vêtu d'une tunique d'apparence fraîche, ils reprennent
leur conversation douce.

« Je suis venu avec mes disciples et amis, mais je les
ai laissé dans le bois de Milca. Ils viendront demain à
l'aube. Je ... je ne pouvais pas attendre plus longtemps.
Ma Mère! ... Et il embrasse ses mains.

Marie d'Alphée a disparu de nous laisser tranquilles.
Elle a aussi compris comment j'étais anxieux d'être avec
vous. Demain ... demain Vous assisterez à mes amis
et je les Nazaréens. Mais ce soir, vous êtes mon amie
et je suis à Vous. Je Vous ai apporté ... Oh! Mère : J'ai
trouvé les bergers de Bethléem. Et je vous ai apporté
deux d'entre eux: ils sont orphelins et vous êtes la mère
de tous les hommes. Et d'autant plus d'orphelins. Et je
vous ai apporté aussi celui qui a besoin de vous pour
se contrôler. Et un autre qui est un homme juste et a
tant souffert. Et puis Jean ... Et je vous ai apporté des
souvenirs d'Elias, Isaac, Tobias, maintenant appelé
Matthieu, Jean et Siméon. Jonas est le plus malheureux
de tous. Je vais vous prendre à lui ... Je lui ai promis. Je
vais continuer à chercher les autres. Samuel et Joseph se
reposent dans la paix de Dieu. »

«Étiez-vous à Bethléem? »

« Oui, maman. J'ai pris là, les disciples qui étaient
avec moi. Et je vous ai apporté ces petites fleurs, qui
poussaient près des pierres du seuil. »

« Oh! « Marie prend le desséchée tiges et les embrasse.
»Et que dire d'Anne?»

« Elle est morte dans le massacre d'Hérode. »

« Oh! Pauvre femme! Elle aimait tellement de vous! « « Les Bethléhemites ont beaucoup souffert. Mais ils n'ont pas été équitables pour les bergers. Mais ils ont beaucoup souffert ... »

« Mais ils étaient bons pour vous, alors! »

« Oui. Et c'est pourquoi ils sont à plaindre. Satan est jaloux de leur gentillesse passée et leur demande instamment de mauvaises choses. J'étais aussi à Hébron. Les bergers, persécutés ... »

« Oh! À ce point ?! »

« Oui, ils ont été aidés par Zacarias, qui leur ont obtenu un emploi et de la nourriture, même si leurs maîtres étaient des gens durs. Mais ils ne sont que des âmes et ils ont changé leurs persécutions et leurs blessures en de la vraie sainteté. Je les rassemblai. J'ai guéri Isaac ... et j'ai donné mon nom à un petit garçon ... Au Jutta, où Isaac languissait et où il est revenu à la vie, il y a maintenant un groupe innocent, nommée Marie, Joseph et Jesai ... »

« Oh! Votre nom! »

« Et le Vôtre et le nom de celui qui est Juste. Et à Kériot, la patrie d'un disciple, un Israélite fidèle est mort, reposant sur Mon cœur. De joie, après M'avoir trouvé ... Et puis ... Ah! Combien de choses ai-je à vous dire, Mon Amie parfaite, douce Mère! Mais tout d'abord, je vous en prie, je vous demande d'avoir autant pitié de ceux qui viendront demain. Écoutez : ils m'aiment ... mais ils ne sont pas parfaits. Vous, Maîtresse de la vertu ... oh! Mère, aide-moi à les rendre bons ... Je voudrais les sauver tous ... » Jésus a glissé aux pieds de Marie. Elle apparaît maintenant dans Sa majesté maternelle. « Mon fils! Qu'est-ce que Vous voulez que Votre pauvre Mère fasse mieux que Vous le faites? »

« Les sanctifier ... Votre vertu sanctifie. Je les ai emmenés ici délibérément, Mère ... un jour je Vous dirai : «Venez», car il sera alors urgent de sanctifier les âmes, afin que je puisse les trouver prêts à être utilisés. Et je ne pourrai pas par moi-même ... Votre silence sera éloquent comme mes paroles. Votre pureté aidera Ma puissance. Votre présence tiens Satan loin ... et Votre Fils, Mère, se sentira plus fort en sachant que vous êtes près de lui. Vous viendrez, n'est-ce pas, Ma douce Mère? »

« Jésus! Cher fils! J'ai le sentiment que Vous n'êtes pas heureux ... Quelle est le problème, Créature de Mon cœur? Le monde a-t-il été hostile à vous? Non? C'est un soulagement de le croire ... mais ... Oh! Oui. Je vais venir. N'importe où vous voulez, comme et quand vous le voulez. Même maintenant, sous ce soleil de plomb, ou par nuit, par temps froid ou humide. Vous voulez de moi? Je suis ici. »

« Non Pas maintenant. Mais un jour ... Comme il fait bon être dans notre maison. Et vos caresses! Laissez-moi dormir ainsi, avec ma tête sur vos genoux. Je suis tellement fatigué! Je suis toujours Votre petit fils ... »
Et Jésus tombe vraiment endormi, fatigué et épuisé, assis sur la natte, sa tête sur les genoux de sa mère, qui caresse joyeusement Ses cheveux.

Pour l'Amour qui Persevere